ポケット

漢検 **5**級

問題集

短期間でしっかり合格！

JN007853

成美堂出版

ポケット漢検5級問題集

■ 頻度別問題集

頻出度 A 最頻出問題

頻出度 B 必修問題

もくじ

頻出度 **C** 重要問題

■ **巻末** 後ろからご覧ください

参考資料

本書の見かた

出題ジャンル

問題

頻出度

頻出度は A ～ C の
3つに分かれていま
す。右の「ひよこで
わかる頻出度」も参
考に。

A　読み①

次の___線の**漢字の読み**を**ひらがな**で書きなさい。

□ **01** 秋になると街路樹が色づく。

□ **02** 海に近い地域では高波が心配だ。

□ **03** 毎朝、安全装置を点検する。

チェック
ボックス

できた問題をチェッ
クしましょう。

□ **04** 試合の模様を伝える。

□ **05** 規律を守って学生生活を送る。

解説の中のアイコンの意味			
出例	共通する漢字の問題で、過去の実際の試験に出題されたもの P.12 の 01 では「街路樹」の読みが出題されていますが、 同じ漢字を使った「樹氷」「樹木」「樹立」の読みも、過 去の試験で出題されていることを示しています。		
豆	覚えておくとためにな る解説	用例	解答または解答の一部 を使った語句
✕	まちがいやすい例	熟語	解答の漢字を使った熟 語の例
対義語	解答の熟語の反対の意 味の熟語の例	類義語	解答の熟語と同じよう な意味の熟語の例
音読	解答の漢字の音読み	訓読	解答の漢字の訓読み
中	中学校で習う読み方	高	高等学校で習う読み方

本書のメインコンテンツであるP.12〜269の頻度別問題集のページの見かたです。赤シートをかぶせながら問題を解いていきましょう。

自己採点記入欄
合格点がとれるまで、くり返しましょう。

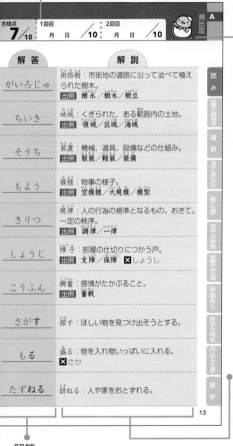

合格点 7/10	1回目 月 日 /10	2回目 月 日 /10	頻出度 A

解答	解説
がいろじゅ	街路樹：市街地の道路に沿って並べて植えられた樹木。 **出例** 樹氷／樹木／樹立
ちいき	地域：くぎられた、ある範囲内の土地。 **出例** 領域／区域／海域
そうち	装置：機械、道具、設備などの仕組み。 **出例** 服装／軽装／装備
もよう	模様：物事の様子。 **出例** 空模様／大規模／模型
きりつ	規律：人の行為の規準となるもの。おきて。一定の秩序。 **出例** 調律／一律
しょうじ	障子：部屋の仕切りにつかう戸。 **出例** 支障／保障 ❌しょうじ
こうふん	興奮：感情がたかぶること。 **出例** 奮戦
さがす	探す：ほしい物を見つけ出そうとする。
もる	盛る：物を入れ物いっぱいに入れる。❌さか
たずねる	訪ねる：人や家をおとずれる。

13

ひよこでわかる頻出度

A
過去問20年分の試験で出題頻度が最も高いもの

B
Aの次に頻度が高いもの

C
頻度は高くないが、覚えておきたい問題

解説
解答の漢字や熟語の意味、そのほか覚えておきたい注意点など辞書いらずの親切な解説が書かれています。

解答
赤シートで答えを隠してくり返し学習できます。

5

本書の特長

過去問20年分（約250回分）を徹底分析！
試験に出る問題だけを完全攻略！

　本書では、**漢字検定の過去問20年分（約250回分[※]）の試験で、実際に出題された問題すべてを分析**しています。

※検定は一年間に公開会場で３回、団体受検の準会場で約10回実施
　されています。

ジャンル	出題例 （出題回数）
読み	探す（80回）／盛る（63回）／穀物（37回）／障子 地域（31回）
部首と部首名	盟（40回）／署（36回）／層 熟（33回）／庁（31回）
画数	我（34回）／閣（32回）／陛（29回）／皇（28回）／脳 俳（27回）
漢字と送りがな	幼い（67回）／危ない（58回）／捨てる 激しい（55回）
音と訓	派手（57回）／灰皿（36回）／番組（34回）／筋道（32回）
四字の熟語	実力発揮 学習意欲（32回）／家庭訪問（31回）／永久磁石（29回）
対義語・類義語	通常⟷臨時（58回）／進歩＝発展（56回）
熟語作り	否定（29回）／拡張（27回）／度胸（25回）／加盟（24回）
熟語の構成	取捨（49回）／公私 勤務（43回）／干満（42回）／乗降（41回）
同じ読みの漢字	シ―視・止（90回）／ソウ―装・送（60回）／コウ―降・効（59回）
漢字	姿 巻く（72回）／盛る（71回）俳句（49回）／演奏 座席（46回）

　上の表が、分析結果です。出題範囲（８ページ参照）が決ま

短時間でしっかり合格するために、本書は過去問を徹底的に分析した問題集になっています。赤シート対応、辞書いらずの親切な解説も特長です。

っているので、何度も出題される漢字があることに気づくはずです。たとえば、読みの問題では「探す」が80回出題されている一方、「視野」はわずか1回しか出題されていません。

　本書では、出題回数が多い順、すなわち出題頻度（ひん）が高い順にA、B、Cの3ランクに分類して問題を掲載しています。これまでに何度も出題された問題はこれからも出題されやすい「試験に出る問題」です。これを集中的に学習することにより短時間でしっかり合格できます。特に、頻出度（ひんしゅつ）Aは出題されることの多い問題で、覚えておけば得点源になります。

　また、時間に余裕がない人は頻出度Aのみの学習、満点合格を狙う人は頻出度Cまでの学習、というように自分の勉強時間に合わせた使い方もできます。

いつでもどこでも学習できる！
隠（かく）して覚えられる赤シート対応！

　本書は隠（かく）して覚えられる赤シート対応になっています。また、辞書を引かなくても済むくらい親切な解説がついています。

　ノートや辞書を持ち運ばなくても済み、通学中、通勤中、いつでもどこでも空いた時間で学習できるので、短時間でしっかり合格することができます。

2020年度からの試験制度変更について
平成29年改訂の小学校学習指導要領が2020年度から全面実施されたことに伴い、漢字検定でも一部の漢字の配当級が変更になりました。5級では、7級配当漢字だった「胃」「腸」の2字と、6級配当漢字だった「恩」「券」など9字が5級配当漢字に加わっています。一方、5級配当漢字だった「城」が7級配当漢字に変更され、配当漢字から外れています。本書ではこの試験制度変更を踏まえて、配当級が変更となった漢字の出題頻度を予想した上で、A・B・Cの各ランクに予想問題として掲載（さい）しています。

漢字検定 5 級の
出題範囲

- 常用漢字のうち、小学校六学年までに習う漢字から出題されます。そのうちの191字が5級配当漢字です※。

- 「読み」の問題では「5級配当漢字」から多く出題されます。また、二字熟語（模型、米俵など）の音読み、訓読みを見わける問題などが出ます。

- 「書き」の問題では5年生以下で習う漢字も出題されます。短い文章の中でカタカナのところや、四字の熟語のカタカナのところを漢字になおす問題が出ます。漢字と送りがなで答える問題も出ます。

- 「画数」「部首」も「5級配当漢字」から出題されます。「画数」では太くした画が何画目かと、総画数の問題です。「部首」は漢字の部首と部首名を選んで答える問題です。

- 試験は、以下のような内容で構成されています。ただし、（公財）日本漢字能力検定協会の審査基準の変更の有無にかかわらず、出題形式や問題数が変更されることもあります。

（一）短文中の漢字の読み（音・訓）　（二）部首と部首名

（三）画数　　　　　　　　　　　　（四）漢字と送りがな

（五）音と訓　　　　　　　　　　　（六）四字の熟語

（七）対義語・類義語　　　　　　　（八）熟語作り

（九）熟語の構成　　　　　　　　　（十）同じ読みの漢字

（十一）漢字

● 漢字の「はねる・とめる」に気をつけましょう。答えの漢字は、かい書体ではっきりと書かないといけません。くずした字や、らんざつな字はバツです。一画一画、はねる、とめる、はなす、続けるなどに気をつけて書きましょう。点が抜けていたり、いらない点があったりするとバツです。

● 答えに常用漢字表でない字を書くとバツになります。常用漢字とは平成22 (2010) 年に内閣が認めた漢字で、小学校、中学校の教科書に使用されている漢字です。

● 「読み」「送りがな」では、常用漢字表にない読みはバツになります。たとえば「頭」の字を「こうべ」と読むのは常用漢字表にない読み方です。送りがなは「送り仮名の付け方」(内閣告示) が採点基準です。

● 「部首」は (公財) 日本漢字能力検定協会の定めにより採点されます。「筆順」は「筆順市道の手引」(旧文部省編) が基準になります。どちらも、巻末の5級配当漢字表を参照してください。

● 合格点は正解率70パーセント前後以上です。5級は200満点なので、140点前後が合格ラインで、これ以上だと合格です。

●年齢、性別、国籍を問わず、だれでも受検できます。個人で
受検する場合は以下の方法があります。

- ・インターネットから申し込む
- ・漢字検定を取り扱っている書店で申し込む
- ・ローソン、セブン-イレブン、ファミリーマート、ミニストップで申し込む
- ・取扱機関（新聞社など）に郵送で申し込む
  団体受検の場合、学校、会社などの代表者がまとめて申し込みます。

●個人受検の試験は1年に3回、定期的に実施されています。
日程については（公財）日本漢字能力検定協会に問い合わせ
てください。

●検定会場は、全国と海外の主要都市で行われています。願書
に載っている検定会場から、自分の希望する会場を選びます。
団体受検の場合、条件を満たせば学校や会社の中で受検する
こともできます。

●申込期間は検定日の約3か月前から1か月前までです。しめ
切り日までに願書を送らないと無効になってしまいますから、
注意してください。

●検定時間は60分です。開始時間の異なる級を選べば、2つ
以上の級を受検することも可能です。

実施要項

● 合否の発表は、検定日から所定の日数後、合格者には合格証書、合格証明書、検定結果通知が送られます。不合格者には検定結果通知が郵送されます。

● 検定日当日は、以下の点に注意しましょう。

• 受検票を忘れずに持参しましょう。受検票は、受検中に机の上に置いておかなければなりません。

• 自動車やバイクで来ることを禁止している会場が多いので、事前に確認してください。

• 当日はHBかBの鉛筆、または濃いシャープペンシルを持参しましょう。鉛筆は2本以上、さらに鉛筆が削れる簡単なものを用意しておくと安心です。消しゴムも持参しましょう。ボールペンや万年筆の使用は認められません。

• 検定中、携帯電話の電源は切っておきましょう。

● 検定料等は変わることがあるので、漢字検定の広告やホームページなどで確認するようにしましょう。

問い合わせ先

公益財団法人 日本漢字能力検定協会

ホームページ　https://www.kanken.or.jp/

[本部]　〒605-0074　京都市東山区祇園町南側551番地
TEL（075）757-8600　FAX（075）532-1110

[東京事務所]　〒108-0023 東京都港区芝浦3-17-11 天翔田町ビル6階
東京事務所には代表電話・FAXがないため、御用の方は京都本部までご連絡ください。

本書は原則として2021年2月時点のものです。受検をお考えの方は、ご自身で（公財）日本漢字能力検定協会の発表する最新情報をご確認ください。

読み①

次の＿＿線の**漢字の読み**を**ひらがな**で書きなさい。

☑ **01** 秋になると<u>街路樹</u>が色づく。

☑ **02** 海に近い<u>地域</u>では高波が心配だ。

☑ **03** 毎朝、安全<u>装置</u>を点検する。

☑ **04** 試合の<u>模様</u>を伝える。

☑ **05** <u>規律</u>を守って学生生活を送る。

☑ **06** 最近は<u>障子</u>のない家が増えた。

☑ **07** 遠足前夜は<u>興奮</u>して<ruby>眠<rt>ねむ</rt></ruby>れない。

☑ **08** 薬を売っている店を<u>探</u>す。

☑ **09** かごにくだものを<u>盛</u>る。

☑ **10** 明日友達の家を<u>訪</u>ねる予定だ。

合格点
7/10

1回目		/10
月	日	

2回目		/10
月	日	

解答

解説

読み
部首と部首名
画数
漢字と送りがな
音と訓
四字の熟語
対義語・類義語
熟語作り
熟語の構成
同じ読みの漢字
漢字

がいろじゅ

街路樹：市街地の道路に沿って並べて植えられた樹木。
出例 樹氷／樹木／樹立

ちいき

地域：くぎられた、ある範囲内の土地。
出例 領域／区域／海域

そうち

装置：機械、道具、設備などの仕組み。
出例 服装／軽装／装備

もよう

模様：物事の様子。
出例 空模様／大規模／模型

きりつ

規律：人の行為の規準となるもの。おきて。
一定の秩序。
出例 調律／一律

しょうじ

障子：部屋の仕切りにつかう戸。
出例 支障／保障 ✕しょうし

こうふん

興奮：感情がたかぶること。
出例 奮戦

さがす

探す：ほしい物を見つけ出そうとする。

もる

盛る：物を入れ物いっぱいに入れる。
✕さか

たずねる

訪ねる：人や家をおとずれる。

次の＿＿線の**漢字の読み**を**ひらがな**で書きなさい。

☑ **01** バイオリンの<u>演奏</u>会に行く。

☑ **02** 図書館の<u>所蔵</u>リストが届く。

☑ **03** 世界的に<u>著名</u>な画家の絵を<ruby>飾<rt>かざ</rt></ruby>る。

☑ **04** 受験者数の<u>推移</u>を表にする。

☑ **05** 日本の<u>内閣</u>について学ぶ。

☑ **06** 新しい劇団を<u>創立</u>する。

☑ **07** 思い出の品を大切に<u>保存</u>する。

☑ **08** 日が<u>暮</u>れる前に家に帰る。

☑ **09** <u>我</u>を忘れて大声を出した。

☑ **10** 道に<u>沿</u>うように花を植える。

合格点 **7/10**　1回目　　月　日　/10　　2回目　　月　日　/10

読み

部首と部首名

画数

漢字と送りがな

音と訓

四字の熟語

対義語・類義語

熟語作り

熟語の構成

同じ読みの漢字

漢字

解答 / 解説

えんそう
演奏：楽器をひくこと。
出例　合奏

しょぞう
所蔵：自分の物としてしまってあること。
また、その物。
出例　貯蔵／冷蔵／土蔵

ちょめい
著名：名前が広くしられていること。

すいい
推移：時間の経過によって移り変わっていくこと。時がうつりゆくこと。
出例　推進／推測／推理

ないかく
内閣：国の政治をおこなう、内閣総理大臣を中心とした大臣たちの集まり。出例　天守閣／閣議　❌うちかく

そうりつ
創立：学校や組織などを初めて作ること。
創設。
出例　独創的／創作／創刊

ほぞん
保存：そのままの状態でとっておくこと。
出例　存続／存在

くれる
暮れる：太陽がしずんで暗くなる。
出例　暮らす

われ
我：自分。わたし。
出例　我先　豆「我を忘れる」＝物事に夢中になる　❌が

そう
沿う：長い物からはなれずについていく。
出例　川沿い

次の＿＿線の**漢字の読み**を**ひらがな**で書きなさい。

☑ **01** カキの実が<u>熟</u>す。

☑ **02** 主人公は<u>純白</u>のドレスを着た少女だ。

☑ **03** 芝居の<u>幕</u>が上がる。

☑ **04** スタンドの<u>観衆</u>に手を振る。

☑ **05** 弟は<u>明朗</u>な性格だ。

☑ **06** 海外の<u>高層</u>マンションを買う。

☑ **07** 悪天候のため運動会が<u>延期</u>になる。

☑ **08** くつ下に<u>穴</u>があいてしまった。

☑ **09** <u>誤</u>りに気づき修正する。

☑ **10** <u>髪</u>を黒く<u>染</u>める。

解答 / 解説

解答	解説
じゅくす	熟す：果実などが十分にみのる。うれる。物事を行うのに十分な状態になる。**出例** 半熟／完熟／熟練
じゅんぱく	純白：まじりけのない白色。まっ白。**出例** 単純／純金／純毛
まく	幕：劇場などで、舞台と客席との間を仕切るために舞台の前にたらす布。中のものをおおうために張る布。**出例** 入幕／幕府
かんしゅう	観衆：もよおし物などを見に集まった大勢の見物人。**出例** 衆議院／民衆
めいろう	明朗：明るくほがらかなこと。**出例** 朗報
こうそう	高層：空の高いところ。何重にも層が重なっていること。**出例** 高層化／階層／層
えんき	延期：予定の期日や期限をのばすこと。**出例** 順延
あな	穴：中があいて、つきぬけているところ。くぼんだところ。**出例** 穴場
あやまり	誤り：間違うこと。失敗すること。**出例** 見誤る
そめる	染める：色がしみこむようにする。その色にする。心をうばわれる。**出例** 染まる

読み

部首と部首名

画数

漢字と送りがな

音と訓

四字の熟語

対義語・類義語

熟語作り

熟語の構成

同じ読みの漢字

漢字

次の＿＿＿線の**漢字の読み**を**ひらがな**で書きなさい。

☑ **01** 呼吸を合わせて合奏する。

☑ **02** 多くの穀物を輸入している。

☑ **03** 自作した鉄道模型を展示する。

☑ **04** 新しい市庁舎が完成する。

☑ **05** 資料を系統だてて整理する。

☑ **06** 機械の操作方法を教わる。

☑ **07** 晩秋の日光を散策する。

☑ **08** 窓を開けて室内の空気を入れかえる。

☑ **09** 昼ごろには弁当が届くはずだ。

☑ **10** 樹木に太いロープを巻く。

解答 / 解説

こきゅう	呼吸：仲間同士の気持ちの通じ合い。息をすったりはいたりすること。
こくもつ	穀物：人が主食にしている作物。米、麦、とうもろこし、豆など。 出例 雑穀
てんじ	展示：作品や品物を並べて一般に公開すること。 出例 展望台／展覧会／展開図／展覧
ちょうしゃ	庁舎：官公庁の建物。役所の建物。 出例 官庁／県庁／気象庁
けいとう	系統：一定の順序にしたがった、きちんとしたつながり。 出例 太陽系／系／系統図
そうさ	操作：機械や道具などをうごかすこと。 出例 情操／操縦／体操　✖ そうさく
ばんしゅう	晩秋：秋の終わりごろ。 出例 毎晩／晩／昨晩／晩春
まど	窓：室内に光や風をいれるために、壁などにあけた穴。
とどく	届く：送った物やたのんだ物が着く。 出例 届ける
まく	巻く：まわりに一周させたり、かこんだりつつんだりする。 出例 絵巻物

読み⑤

次の＿＿線の**漢字の読み**を**ひらがな**で書きなさい。

☑ **01** 資源開発の期待が高まる。

☑ **02** すぐれた武将の名城を訪ねる。

☑ **03** 神秘的なひとみの少女に出会う。

☑ **04** 古くなった橋を補修する。

☑ **05** 多額の遺産を子孫にのこす。

☑ **06** 日米首脳会談が開かれる。

☑ **07** 公園を拡張する工事が始まる。

☑ **08** 仲間のために勇気を奮う。

☑ **09** 児童が校庭に二列で並ぶ。

☑ **10** 最近、のらネコの姿を見ない。

合格点 **7**/10 | 1回目 月 日 /**10** | 2回目 月 日 /**10**

解答 / 解説

解答	解説
しげん	資源：物を生産する元となる物。 出例 電源／起源／源泉／源流
ぶしょう	武将：武士の長。 出例 主将／将来
しんぴてき	神秘的：不思議な感じがするさま。 出例 秘境／秘宝
ほしゅう	補修：いたんだところをおぎない直すこと。 出例 補強／立候補／候補者／候補
いさん	遺産：死んだ人がのこしていった財産。 出例 遺品／遺志／遺作／遺伝
しゅのう	首脳：会社や政府などで中心になる人。 出例 頭脳／脳
かくちょう	拡張：ひろげて大きくすること。 出例 拡大／拡散
ふるう	奮う：気力をさかんにする。はりきる。
ならぶ	並ぶ：列をつくる。 出例 並べる／並木／山並み
すがた	姿：体や物の形。体つき。様子。 出例 姿見

読み 部首と部首名 画数 漢字と送りがな 音と訓 四字の熟語 対義語・類義語 熟語作り 熟語の構成 同じ読みの漢字 漢字

次の＿＿線の**漢字の読み**を**ひらがな**で書きなさい。

☑ **01** 貴重な資源をリサイクルする。

☑ **02** 国民に負担を強いる。

☑ **03** 長い歌詞を覚えて歌う。

☑ **04** 俳句の季語について勉強する。

☑ **05** 少年サッカー大会で優勝した。

☑ **06** 部内で会議資料を回覧する。

☑ **07** 映画の感想を簡潔に述べる。

☑ **08** 天気がいいのでふとんを干す。

☑ **09** 食後に食器を洗うのは私の仕事だ。

☑ **10** 弟はまだ考え方が幼い。

合格点
7/10

1回目
月　日　/10

2回目
月　日　/10

解　答	解　説
きちょう	貴重：非常に大切なこと。
ふたん	負担：重すぎる責任や仕事。 **出例** 分担／担当／担任
かし	歌詞：歌のもんく。 **出例** 作詞
はいく	俳句：五・七・五の十七音の短い詩。 **出例** 俳人／俳優
ゆうしょう	優勝：競技や試合などに勝って、第一位となること。 **出例** 優先／声優／優位／優先席
かいらん	回覧：書類などを順々にまわして見ること。 **出例** 遊覧／遊覧船／回覧板／観覧車
かんけつ	簡潔：要領を得ていて、短くよくまとまっていること。 **出例** 簡単
ほす	干す：日光や風にあてかわかす。水分を取りさる。 **出例** 物干し
あらう	洗う：汚れを水や洗剤などで落とす。 **出例** 皿洗い
おさない	幼い：子どもっぽいこと。

読み

部首と部首名

画数

漢字と送りがな

音と訓

四字の熟語

対義語・類義語

熟語作り

熟語の構成

同じ読みの漢字

漢字

次の＿＿線の**漢字の読み**を**ひらがな**で書きなさい。

☑ **01** <u>警報</u>が防災無線で流れる。

☑ **02** アフリカ<u>諸国</u>を訪問する。

☑ **03** <u>郷里</u>が同じ人と打ち解ける。

☑ **04** 火事を防ぐ<u>対策</u>を考える。

☑ **05** この機械は<u>蒸気</u>の力で動く。

☑ **06** 熱が下がり<u>食欲</u>が出てきた。

☑ **07** 病気で<u>視界</u>が<u>狭</u>くなる。

☑ **08** 山の<u>頂</u>から町を見下ろす。

☑ **09** 大型スクリーンに試合の様子が<u>映</u>る。

☑ **10** 夕方から雨が<u>降</u>るようだ。

合格点	1回目	2回目
7/10	月 日 /10	月 日 /10

解答 / 解説

けいほう
警報：災害や危険が迫ったことに対して、注意や警戒を知らせること。また、その知らせ。出例 警護／警官／警察署／警備

しょこく
諸国：多くの国。さまざまな国。出例 諸島

きょうり
郷里：自分の生まれそだった土地。ふるさと。出例 郷土／故郷 ✕ふるさと

たいさく
対策：相手の行いや事件のなりゆきに応じてとるやり方。出例 散策／方策

じょうき
蒸気：液体や固体が気体になったもの。出例 蒸発／水蒸気

しょくよく
食欲：食べ物をたべたいとおもう気持ち。出例 意欲／無欲

しかい
視界：目で見渡せる範囲。視野。出例 視察／視力／近視用／視野

いただき
頂：物のいちばん高いところ。出例 頂く

うつる
映る：姿や形、影などが光の反射などによって他の物の上にあらわれること。出例 映す

ふる
降る：雨や雪などが落ちてくる。小さい物が舞い落ちる。出例 降りる／乗降 ✕おる

次の＿＿線の**漢字の読み**を**ひらがな**で書きなさい。

☑ **01** 山の中腹で食事をとる。

☑ **02** 恩をあだで返してはいけない。

☑ **03** 市内に博物館が誕生した。

☑ **04** 母は洋裁が得意だ。

☑ **05** 公害問題について討論する。

☑ **06** フランス語の記事を日本語に訳す。

☑ **07** 本番で力を発揮する。

☑ **08** 自分の失敗を素直に認める。

☑ **09** 玉ねぎを細かく刻む。

☑ **10** 命は何よりも尊いものだ。

解答　　　　　解説

解答	解説
ちゅうふく	中腹：山の頂上とふもととの中間あたり。山腹。 **出例** 満腹／腹筋
おん	恩：人から受けるめぐみ、情け、いつくしみ。 **出例** 恩返し／恩師
たんじょう	誕生：新しくできること。 **出例** 誕生日
ようさい	洋裁：洋服をぬいあげること。 **出例** 裁判官／裁判／裁断
とうろん	討論：お互い意見をいいあうこと。 **出例** 検討／討議
やくす	訳す：ある言葉をちがう言葉に変える。 **出例** 通訳／英訳／訳
はっき	発揮：もっている力を十分に表すこと。 **出例** 指揮／指揮者
みとめる	認める：相手の考えなどを、たしかにそのとおりだとする。
きざむ	刻む：こまかく切る。 **出例** 小刻み
とうとい たっとい	尊い：価値が高い、身分が高い。 **出例** 尊ぶ

部首と部首名
画数
漢字と送りがな
音と訓
四字の熟語
対義語・類義語
熟語作り
熟語の構成
同じ読みの漢字
漢字

次の＿＿線の**漢字の読み**を**ひらがな**で書きなさい。

☑ **01** 秘蔵映像が<u>収録</u>されている。

☑ **02** 近所のどうくつを<u>探検</u>する。

☑ **03** 劇場の<u>座席</u>に腰をおろす。

☑ **04** 一日中病人を<u>看護</u>する。

☑ **05** この仏像は<u>国宝</u>に指定される。

☑ **06** <u>鉄棒</u>の近くの砂場に集合する。

☑ **07** <u>幼児</u>は入館料が無料だ。

☑ **08** <u>机</u>の上をかたづける。

☑ **09** インストラクターの指示に<u>従</u>う。

☑ **10** 窓をあけると<u>潮</u>のかおりがした。

合格点	1回目	2回目	
7/10	月 日 /10	月 日 /10	

解答 / 解説

解答	解説
しゅうろく	収録：録音や録画をすること。 **出例** 収集／回収／領収
たんけん	探検：まだ知られていない場所へ実際にいき、危険をおかしてそこの様子を調べること。 **出例** 探査／探査機／探検家／探訪
ざせき	座席：すわる場所。 **出例** 座／星座／王座／口座
かんご	看護：病人やけが人の世話をすること。 **出例** 看護師／看板
こくほう	国宝：国の宝。重要文化財のうち、とくに学術的・文化史的価値が高いとして文部科学大臣が指定した建造物や美術品など。**出例** 宝庫／宝石
てつぼう	鉄棒：鉄製の棒。二本の柱の間に鉄製の棒を水平にかけわたした器械体操用具。男子体操競技の種目のひとつ。**出例** 心棒／棒／相棒／棒読み
ようじ	幼児：満一歳ごろから小学校入学前ぐらいの子ども。 **出例** 幼虫／幼少
つくえ	机：本を読んだり、物を書いたりするときに使う台。
したがう	従う：いわれたとおりにする。
しお	潮：海の水。 **出例** 潮風／赤潮

29

部首と部首名①

次の漢字の**部首**と**部首名**を後の□の中から選び、**記号**で答えなさい。

☑ 01 盟

☑ 02 署

☑ 03 層

☑ 04 熟

☑ 05 庁

☑ 06 恩

☑ 07 誕

☑ 08 創

☑ 09 閣

☑ 10 簡

部首	
あ	广
い	刂
う	灬
え	皿
お	尸
か	竹
き	心
く	言
け	門
こ	

部首名
ア もんがまえ
イ れんが・れっか
ウ あみがしら・ あみめ・よこめ
エ りっとう
オ かばね・しかばね
カ さら
キ たけかんむり
ク ごんべん
ケ まだれ
コ こころ

合格点	1回目	2回目
7/10	月　日 /10	月　日 /10

解答 ・ 解説

お・カ	皿 さら	出例 盛もよく出る
え・ウ	罒 あみがしら / あみめ / よこめ	
か・オ	尸 かばね / しかばね	出例 展/届もよく出る
う・イ	灬 れんが / れっか	
あ・ケ	广 まだれ	出例 座もよく出る
く・コ	心 こころ	出例 憲/忠/忘もよく出る
け・ク	言 ごんべん	出例 詞/誌/諸もよく出る
い・エ	刂 りっとう	出例 割/劇/刻もよく出る
こ・ア	門 もんがまえ	
き・キ	竹 たけかんむり	出例 筋/策もよく出る

部首と部首名②

次の漢字の**部首**と**部首名**を後の□の中から選び、**記号**で答えなさい。

□ **01** 劇

□ **02** 困

□ **03** 陛

□ **04** 敵

□ **05** 憲

□ **06** 蒸

□ **07** 預

□ **08** 裁

□ **09** 盛

□ **10** 我

部首	
あ	攵
い	皿
う	心
え	口
お	頁
か	戈
き	艹
く	衣
け	刂
こ	阝

部首名	
ア	くさかんむり
イ	こざとへん
ウ	のぶん・ぼくづくり
エ	りっとう
オ	ほこづくり・ほこがまえ
カ	さら
キ	ころも
ク	こころ
ケ	くにがまえ
コ	おおがい

合格点	1回目	2回目	
7/10	月 日 /10	月 日 /10	

解答 / 解説

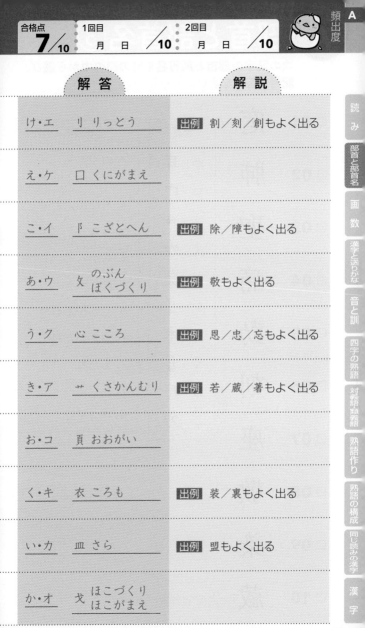

解答		解説
け・エ	リ りっとう	**出例** 割／刻／創もよく出る
え・ケ	口 くにがまえ	
こ・イ	阝 こざとへん	**出例** 除／障もよく出る
あ・ウ	攵 のぶん／ぼくづくり	**出例** 敬もよく出る
う・ク	心 こころ	**出例** 恩／忠／忘もよく出る
き・ア	艹 くさかんむり	**出例** 若／蔵／著もよく出る
お・コ	頁 おおがい	
く・キ	衣 ころも	**出例** 装／裏もよく出る
い・カ	皿 さら	**出例** 盟もよく出る
か・オ	戈 ほこづくり／ほこがまえ	

次の漢字の**部首**と**部首名**を後の□の中から選び、
記号で答えなさい。

☑ **01** 窓

☑ **02** 肺

☑ **03** 聖

☑ **04** 痛

☑ **05** 勤

☑ **06** 刻

☑ **07** 座

☑ **08** 敬

☑ **09** 染

☑ **10** 蔵

部首	
あ	耳
い	广
う	艹
え	穴
お	夂
か	刂
き	木
く	月
け	疒
こ	力

部首名
ア のぶん・ぼくづくり
イ あなかんむり
ウ みみ
エ ちから
オ にくづき
カ くさかんむり
キ やまいだれ
ク まだれ
ケ き
コ りっとう

合格点	1回目	2回目
7/10	月 日 /10	月 日 /10

解 答	解 説
え・イ　宀 あなかんむり	
く・オ　月 にくづき	**出例** 胸／臓／脳／腹もよく出る
あ・ウ　耳 みみ	
け・キ　疒 やまいだれ	
こ・エ　力 ちから	
か・コ　刂 りっとう	**出例** 割／劇／創もよく出る
い・ク　广 まだれ	**出例** 庁もよく出る
お・ア　攵 のぶん ぼくづくり	**出例** 敵もよく出る
き・ケ　木 き	
う・カ　艹 くさかんむり	**出例** 若／蒸／著もよく出る

35

次の漢字の**赤い画**のところは**筆順の何画目**か、また**総画数は何画**か、算用数字（1、2、3…）で答えなさい。

☑ **01** 我

☑ **02** 閣

☑ **03** 腸

☑ **04** 陛

☑ **05** 皇

☑ **06** 承

☑ **07** 脳

☑ **08** 俳

☑ **09** 染

☑ **10** 郵

解 答　　　解 説

読み
部首と部首名
画 数
漢字と送りがな
音と訓
四字の熟語
対義語・類義語
熟語作り
熟語の構成
同じ読みの漢字
漢字

何画目	総画数	
3	7	1 2 3 4 5 6 7 我我我我我我我 4画目と6画目の順番に注意
2	14	1 2 3 4 5 6 7 8 9 10 11 12 13 14 闇闇闇闇闇闇門門門門門闇闇闇 6画目と1画目の順番に注意
11	13	1 2 3 4 5 6 7 8 9 10 11 12 13 腸腸腸腸腸腸腸腸腸腸腸腸腸 9画目の順番に注意
6	10	1 2 3 4 5 6 7 8 9 10 陸陸陸陸陸陸陸陸陸陸 3画目と7画目の順番に注意
7	9	1 2 3 4 5 6 7 8 9 皇皇皇皇皇皇皇皇皇 8画目の順番に注意
6	8	1 2 3 4 5 6 7 8 承承承承承承承承 3画目と1画目の順番に注意
8	11	1 2 3 4 5 6 7 8 9 10 11 脳脳脳脳脳脳脳脳脳脳脳 10画目の順番に注意
3	10	1 2 3 4 5 6 7 8 9 10 俳俳俳俳俳俳俳俳俳俳 7画目の順番に注意
4	9	1 2 3 4 5 6 7 8 9 染染染染染染染染染 5画目の順番に注意
7	11	1 2 3 4 5 6 7 8 9 10 11 郵郵郵郵郵郵郵郵郵郵郵 6画目と5画目の順番に注意

次の漢字の**赤い画**のところは**筆順の何画目**か、また**総画数は何画**か、算用数字（1、2、3…）で答えなさい。

☑ **01** 蒸

☑ **02** 純

☑ **03** 灰

☑ **04** 系

☑ **05** 党

☑ **06** 裁

☑ **07** 処

☑ **08** 誕

☑ **09** 冊

☑ **10** 聖

合格点
7/10

1回目 　月　日 /**10**
2回目 　月　日 /**10**

読み

部首と部首名

画数

漢字と送りがな

音と訓

四字の熟語

対義語・類義語

熟語作り

熟語の構成

同じ読みの漢字

漢字

解 答		解 説
何画目	総画数	

6	13	1 2 3 4 5 6 7 8 9 10 11 12 13 蒸蒸蒸蒸蒸蒸蒸蒸蒸蒸蒸蒸蒸 9画目の順番に注意
8	10	1 2 3 4 5 6 7 8 9 10 純純純純純純純純純純 7画目の順番に注意
5	6	1 2 3 4 5 6 灰灰灰灰灰灰 1画目の順番に注意
5	7	1 2 3 4 5 6 7 系系系系系系系 3画目と4画目の順番に注意
1	10	1 2 3 4 5 6 7 8 9 10 党党党党党党党党党党
10	12	1 2 3 4 5 6 7 8 9 10 11 12 裁裁裁裁裁裁裁裁裁裁裁裁 11画目の順番に注意
2	5	1 2 3 4 5 処処処処処 3画目の順番に注意
9	15	1 2 3 4 5 6 7 8 9 10 11 12 13 14 15 誕誕誕誕誕誕誕誕誕誕誕誕誕誕誕 10画目の順番に注意
3	5	1 2 3 4 5 冊冊冊冊冊 5画目の順番に注意
11	13	1 2 3 4 5 6 7 8 9 10 11 12 13 聖聖聖聖聖聖聖聖聖聖聖聖聖 12画目と6画目の順番に注意

画数③

次の漢字の**赤い画**のところは**筆順の何画目**か、また**総画数は何画**か、**算用数字**（1、2、3…）で答えなさい。

☑ **01** 将

☑ **02** 骨

☑ **03** 若

☑ **04** 片

☑ **05** 訪

☑ **06** 否

☑ **07** 宙

☑ **08** 銭

☑ **09** 権

☑ **10** 班

合格点	1回目			2回目		
7/10	月	日	/10	月	日	/10

解答　　　解説

読み
部首と部首名
画数
漢字と送りがな
音と訓
四字の熟語
対義語・類義語
熟語作り
熟語の構成
同じ読みの漢字
漢字

何画目	総画数	
3	10	1 2 3 4 5 6 7 8 9 10 将将将将将将将将将将 1画目と2画目の順番に注意
4	10	1 2 3 4 5 6 7 8 9 10 骨骨骨骨骨骨骨骨骨骨 6画目と3画目の順番に注意
5	8	1 2 3 4 5 6 7 8 若若若若若若若若 4画目の順番に注意
3	4	1 2 3 4 片片片片 2画目の順番に注意
10	11	1 2 3 4 5 6 7 8 9 10 11 訪訪訪訪訪訪訪訪訪訪訪 9画目の順番に注意
3	7	1 2 3 4 5 6 7 否否否否否否否 2画目の順番に注意
6	8	1 2 3 4 5 6 7 8 宙宙宙宙宙宙宙宙 4画目の順番に注意
12	14	1 2 3 4 5 6 7 8 9 10 11 12 13 14 銭銭銭銭銭銭銭銭銭銭銭銭銭銭 13画目の順番に注意
9	15	1 2 3 4 5 6 7 8 9 10 11 12 13 14 15 権権権権権権権権権権権権権権権 8画目の順番に注意
8	10	1 2 3 4 5 6 7 8 9 10 班班班班班班班班班班 6画目と7画目の順番に注意

漢字と送りがな①

次の＿＿線の**カタカナ**を**漢字一字**と**送りがな**（**ひらがな**）に直せ。　質問に<u>コタエル</u>。答える

☑ **01** <u>オサナイ</u>妹を連れて出かける。

☑ **02** <u>アブナッ</u>かしい手つきで包丁を持つ。

☑ **03** 気性の<u>ハゲシイ</u>人だ。

☑ **04** ごみ箱にペットボトルを<u>ステル</u>。

☑ **05** 夕焼けで空が赤く<u>ソマル</u>。

☑ **06** ガイドさんに<u>シタガッ</u>て歩く。

☑ **07** 強風で髪の毛が<u>ミダレル</u>。

☑ **08** 説明できなかった点を<u>オギナウ</u>。

☑ **09** <u>キビシイ</u>要求をつきつけられた。

☑ **10** テーブルに食器を<u>ナラベル</u>。

A

頻出度

合格点
7/10

1回目
月 日 /**10**

2回目
月 日 /**10**

解 答	解 説

幼い
幼い：年が少ない。
✕幼ない

危なっ
危ない：見ていてはらはらする。不安定だ。
✕危っ

激しい
激しい：勢いがたいへん強い。

捨てる
捨てる：いらない物として手ばなす。ほうる。

染まる
染まる：色がしみこむようになる。その色になる。
出例 染める

従っ
従う：あとにつく。
✕従がっ

乱れる
乱れる：めちゃくちゃになる。きちんとしなくなる。

補う
補う：たりない部分をみたす。
✕補なう

厳しい
厳しい：ひどい。困難が多く、たいへん。

並べる
並べる：いろいろな物を次々に置く。
出例 並ぶ　豆音読み「ヘイ」は中学校で学習し、5級出題範囲外になる

43

漢字と送りがな②

次の＿＿線の**カタカナ**を**漢字一字**と**送りがな**（ひらがな）に直せ。　　質問に<u>コタエル</u>。答える

☑ **01** 先週みた映画の題名を<u>ワスレル</u>。

☑ **02** <u>ムズカシイ</u>問題を解く。

☑ **03** 会は大成功で幕を<u>トジル</u>。

☑ **04** 黒い雨雲が低く<u>タレル</u>。

☑ **05** 相手との点差は一点に<u>チヂマッタ</u>。

☑ **06** 床^{ゆか}に落とした皿が<u>ワレル</u>。

☑ **07** 合格発表を見て自分の目を<u>ウタガウ</u>。

☑ **08** 父の言葉を心に<u>キザム</u>。

☑ **09** 中国には老人を<u>ウヤマウ</u>伝統がある。

☑ **10** 銀行にお年玉を<u>アズケル</u>。

合格点
7/10

1回目
月　日　/10

2回目
月　日　/10

解 答	解 説

忘れる	忘れる：覚えていたことが思い出せなくなる。**豆**音読み「ボウ」は中学校で学習し、5級出題範囲外になる
難しい	難しい：簡単ではない。❌難かしい
閉じる	閉じる：続いていたものが終わる。**出例**閉まる　**豆**「幕を閉じる」＝物事が終わる
垂れる	垂れる：一続きの物の端が下がる。**出例**垂らす　**熟語**垂直
縮まった	縮まる：長いものが短くなり、小さな状態になる。**出例**縮める／縮む／縮れる
割れる	割れる：こわれる。❌割る
疑う	疑う：本当ではないと思う。❌疑がう
刻む	刻む：心の中にしっかりとどめる。
敬う	敬う：そんけいする。立派だと思う。
預ける	預ける：お金や物品の保管や世話などをお願いすること。**出例**預かる　❌預る

読み　部首と部首名　画数　漢字と送りがな　音と訓　四字の熟語　対義語・類義語　熟語作り　熟語の構成　同じ読みの漢字　漢字

漢字の読みには**音**と**訓**があります。次の**熟語の読み**は□の中のどの組み合わせになっていますか。ア〜エの**記号**で答えなさい。

☑ **01** 窓口

☑ **02** 灰皿

☑ **03** 米俵

☑ **04** 番組

☑ **05** 砂地

☑ **06** 試合

☑ **07** 若気

☑ **08** 片道

☑ **09** 裏作

☑ **10** 節穴

ア	音と音
イ	音と訓
ウ	訓と訓
エ	訓と音

解 答		解 説

ウ 訓と訓	窓 まど	**音読** ソウ **訓読** まど	
	口 くち	**音読** コウ・ク **訓読** くち	

ウ 訓と訓	灰 はい	**音読** カイ⊕ **訓読** はい
	皿 さら	**音読** ― **訓読** さら

ウ 訓と訓	米 こめ	**音読** ベイ・マイ **訓読** こめ
	俵 たわら	**音読** ヒョウ **訓読** たわら

イ 音と訓	番 バン	**音読** バン **訓読** ―
	組 くみ	**音読** ソ **訓読** く(む)・くみ

エ 訓と音	砂 すな	**音読** サ・シャ⊕ **訓読** すな
	地 ジ	**音読** チ・ジ **訓読** ―

イ 音と訓	試 シ	**音読** シ **訓読** こころ(みる)・ため(す)⊕
	合 あい	**音読** ゴウ・ガッ・カッ **訓読** あ(う)・あ(わす)・あ(わせる)

エ 訓と音	若 わか	**音読** ジャク⊕・ニャク⊛ **訓読** わか(い)・も(しくは)⊛
	気 ケ	**音読** キ・ケ **訓読** ―

ウ 訓と訓	片 かた	**音読** ヘン⊕ **訓読** かた
	道 みち	**音読** ドウ・トウ⊛ **訓読** みち

エ 訓と音	裏 うら	**音読** リ⊕ **訓読** うら
	作 サク	**音読** サク・サ **訓読** つく(る)

ウ 訓と訓	節 ふし	**音読** セツ・セチ⊛ **訓読** ふし
	穴 あな	**音読** ケツ⊕ **訓読** あな

読 み

部首と部首名

画 数

漢字と送りがな

音と訓

四字の熟語

対義語・類義語

熟語作り

熟語の構成

同じ読みの漢字

漢 字

漢字の読みには**音**と**訓**があります。次の**熟語の読み**は□の中のどの組み合わせになっていますか。ア〜エの**記号**で答えなさい。

☑ **01** 派手

☑ **02** 傷口

☑ **03** 背骨

☑ **04** 道順

☑ **05** 筋道

☑ **06** 味方

☑ **07** 裏地

☑ **08** 舌先

☑ **09** 炭俵

☑ **10** 針金

ア	音と音
イ	音と訓
ウ	訓と訓
エ	訓と音

解　答	解　説
イ 音と訓	派_ハ 音読 ハ 訓読 ー 手_て 音読 シュ 訓読 て・た⊕
ウ 訓と訓	傷_{きず} 音読 ショウ 訓読 きず・いた(む)⊕・いた(める)⊕ 口_{くち} 音読 コウ・ク 訓読 くち
ウ 訓と訓	背_せ 音読 ハイ 訓読 せ・せい・そむ(く)⊕・そむ(ける)⊕ 骨_{ほね} 音読 コツ 訓読 ほね
エ 訓と音	道_{みち} 音読 ドウ・トウ⊠ 訓読 みち 順_{ジュン} 音読 ジュン 訓読 ー
ウ 訓と訓	筋_{すじ} 音読 キン 訓読 すじ 道_{みち} 音読 ドウ・トウ⊠ 訓読 みち
イ 音と訓	味_ミ 音読 ミ 訓読 あじ・あじ(わう) 方_{かた} 音読 ホウ 訓読 かた
エ 訓と音	裏_{うら} 音読 リ⊕ 訓読 うら 地_ジ 音読 チ・ジ 訓読 ー
ウ 訓と訓	舌_{した} 音読 ゼツ⊕ 訓読 した 先_{さき} 音読 セン 訓読 さき
ウ 訓と訓	炭_{すみ} 音読 タン 訓読 すみ 俵_{たわら} 音読 ヒョウ 訓読 たわら
ウ 訓と訓	針_{はり} 音読 シン 訓読 はり 金_{かね} 音読 キン・コン 訓読 かね・かな

漢字の読みには**音**と**訓**があります。次の**熟語の読み**は□の中のどの組み合わせになっていますか。ア～エの**記号**で答えなさい。

☑ **01** 温泉

☑ **02** 口紅

☑ **03** 潮風

☑ **04** 若者

☑ **05** 格安

☑ **06** 針箱

☑ **07** 生傷

☑ **08** 絹地

☑ **09** 役割

☑ **10** 砂山

ア	音と音
イ	音と訓
ウ	訓と訓
エ	訓と音

解 答		解 説

ア 音と音	温 オン	音読 オン 訓読 あたた(か)・あたた(かい)・あたた(まる)・あたた(める)
	泉 セン	音読 セン 訓読 いずみ
ウ 訓と訓	口 くち	音読 コウ・ク 訓読 くち
	紅 べに	音読 コウ・ク⊕ 訓読 べに・くれない⊕
ウ 訓と訓	潮 しお	音読 チョウ 訓読 しお
	風 かぜ	音読 フウ・フ⊕ 訓読 かぜ・かざ
ウ 訓と訓	若 わか	音読 ジャク⊕・ニャク⊕ 訓読 わか(い)・も(しくは)⊕
	者 もの	音読 シャ 訓読 もの
イ 音と訓	格 カク	音読 カク・コウ⊕ 訓読 —
	安 やす	音読 アン 訓読 やす(い)
ウ 訓と訓	針 はり	音読 シン 訓読 はり
	箱 はこ	音読 — 訓読 はこ
ウ 訓と訓	生 なま	音読 セイ・ショウ 訓読 い(きる)・い(かす)・い(ける)・うまれる)・う(む)・お(う)⊕・は(える)・は(やす)・き⊕・なま
	傷 きず	音読 ショウ 訓読 きず・いた(む)⊕・いた(める)⊕
エ 訓と音	絹 きぬ	音読 ケン⊕ 訓読 きぬ
	地 ジ	音読 チ・ジ 訓読 —
イ 音と訓	役 ヤク	音読 ヤク・エキ⊕ 訓読 —
	割 わり	音読 カツ⊕ 訓読 わ(る)・わり・わ(れる)・さ(く)⊕
ウ 訓と訓	砂 すな	音読 サ・シャ⊕ 訓読 すな
	山 やま	音読 サン 訓読 やま

漢字の読みには**音**と**訓**があります。次の**熟語の読み**は□の中のどの組み合わせになっていますか。ア～エの**記号**で答えなさい。

☑ **01** 巻物

☑ **02** 絹製

☑ **03** 台所

☑ **04** 縦糸

☑ **05** 重箱

☑ **06** 新型

☑ **07** 湯気

☑ **08** 裏山

☑ **09** 手配

☑ **10** 背中

ア	音と音
イ	音と訓
ウ	訓と訓
エ	訓と音

解答 / 解説

解答	解説
ウ 訓と訓	巻 まき **音読** カン **訓読** ま(く)・まき 物 もの **音読** ブツ・モツ **訓読** もの
エ 訓と音	絹 きぬ **音読** ケン㊎ **訓読** きぬ 製 セイ **音読** セイ **訓読** ―
イ 音と訓	台 ダイ **音読** ダイ・タイ **訓読** ― 所 どころ **音読** ショ **訓読** ところ
ウ 訓と訓	縦 たて **音読** ジュウ **訓読** たて 糸 いと **音読** シ **訓読** いと
イ 音と訓	重 ジュウ **音読** ジュウ・チョウ **訓読** え・お も(い)・かさ(ねる)・かさ(なる) 箱 ばこ **音読** ― **訓読** はこ
イ 音と訓	新 シン **音読** シン **訓読** あたら(しい)・ あら(た)・にい 型 がた **音読** ケイ **訓読** かた
エ 訓と音	湯 ゆ **音読** トウ **訓読** ゆ 気 ケ **音読** キ・ケ **訓読** ―
ウ 訓と訓	裏 うら **音読** リ㊎ **訓読** うら 山 やま **音読** サン **訓読** やま
エ 訓と音	手 て **音読** シュ **訓読** て・た㊎ 配 ハイ **音読** ハイ **訓読** くば(る)
ウ 訓と訓	背 せ **音読** ハイ **訓読** せ・せい・そむ (く)㊎・そむ(ける)㊎ 中 なか **音読** チュウ・ジュウ **訓読** なか

読み　部首と部首名　画数　漢字と送りがな　音と訓　四字の熟語　対義語・類義語　熟語作り　熟語の構成　同じ読みの漢字　漢字

53

四字の熟語①

次の**カタカナ**を漢字になおし、**一字だけ**答えなさい。

☑ 01 **ユウ**名無実

☑ 02 **キ**急存亡

☑ 03 実力発**キ**

☑ 04 学習意**ヨク**

☑ 05 家庭**ホウ**問

☑ 06 永久**ジ**石

☑ 07 **エン**岸漁業

☑ 08 **カブ**式会社

☑ 09 宇**チュウ**旅行

☑ 10 負**タン**軽減

解 答	解 説

有名無実（ゆうめいむじつ）
評判ばかりで、中身がともなわないこと。
出例「無・実」も問われる

危急存亡（ききゅうそんぼう）
き険がせまり、生きるか死ぬかのせとぎわ。
出例「存・亡」も問われる

実力発揮（じつりょくはっき）
本当の力を十分に表すこと。

学習意欲（がくしゅういよく）
すすんで学習しようとする気持ち。
出例 創作意欲（そうさくいよく）

家庭訪問（かていほうもん）
学校の先生が、児童・生徒の家庭をたずねること。

永久磁石（えいきゅうじしゃく）
じ力をいつまでもうしなわないじ石。
出例 方位磁針（ほういじしん）

沿岸漁業（えんがんぎょぎょう）
海岸近くの海でおこなわれる漁業。

株式会社（かぶしきがいしゃ）
多くの人が資金を出しあい、つくられる会社。

宇宙旅行（うちゅうりょこう）
地球大気圏外の太陽系などへ旅をすること。
出例 宇宙空間（うちゅうくうかん）／「宇」も問われる

負担軽減（ふたんけいげん）
責任や仕事を減らすこと。

四字の熟語②

次の**カタカナ**を漢字になおし、**一字だけ**答えなさい。

☑ **01** 平和**セン**言

☑ **02** 公**シュウ**道徳

☑ **03** 高**ソウ**建築

☑ **04** 基本方**シン**

☑ **05** 一心不**ラン**

☑ **06** 世**ロン**調査

☑ **07** 世界**イ**産

☑ **08** **カク**張工事

☑ **09** **ゾウ**器移植

☑ **10** 半信半**ギ**

合格点 7/10　1回目 月 日 /10　2回目 月 日 /10

解　答	解　説
平和宣言 （へいわせんげん）	平和のちかいを外部に表明すること。 出例 開会宣言（かいかいせんげん）
公衆道徳 （こうしゅうどうとく）	みんなが守らなければならない事柄や心がまえ。 出例 衆議一決（しゅうぎいっけつ）
高層建築 （こうそうけんちく）	階をかさねた高い建物。 出例 高層住宅（こうそうじゅうたく）
基本方針 （きほんほうしん）	土台となる計画などの方向性のこと。
一心不乱 （いっしんふらん）	一つのことに心を集中し、ほかのことをかんがえないようす。
世論調査 （せろんちょうさ）	世の中の多くの人びとの考えを調査すること。「よろんちょうさ」とも読む。
世界遺産 （せかいいさん）	前代の人がのこした価値のある文化財・景観・自然など。 出例 自然遺産（しぜんいさん）／遺産相続（いさんそうぞく）
拡張工事 （かくちょうこうじ）	ひろげて大きくする工事。
臓器移植 （ぞうきいしょく）	働きをうしなった体の器官を、ほかの人から提供をうけ、うつしかえること。
半信半疑 （はんしんはんぎ）	半分信じ、半分うたがうこと。

次の**カタカナ**を漢字になおし、**一字だけ**答えなさい。

☐ **01** 器楽合**ソウ**

☐ **02** 技術**カク**新

☐ **03** **スイ**理小説

☐ **04** 直**シャ**日光

☐ **05** 災害対**サク**

☐ **06** 自己負**タン**

☐ **07** 人口**ミツ**度

☐ **08** 複雑**コッ**折

☐ **09** **カタ**側通行

☐ **10** 予防注**シャ**

解　答	解　説
器楽合奏（きがくがっそう）	いろいろな楽器で、いっしょに演そうすること。 **出例** 器楽演奏（きがくえんそう）
技術革新（ぎじゅつかくしん）	新しい技術の発明や、生産技術を大きくあらためて新しくすること。 **出例** 意識改革（いしきかいかく）
推理小説（すいりしょうせつ）	事件や犯罪のなぞを解決する内容の小説。
直射日光（ちょくしゃにっこう）	じかにてらす太陽の光。
災害対策（さいがいたいさく）	災害予防や災害に対応するための方法。
自己負担（じこふたん）	自分自身で責任や義務をひきうけること。 **出例** 「己」も問われる
人口密度（じんこうみつど）	一平方キロメートルあたりの、人口数。
複雑骨折（ふくざつこっせつ）	体のほねが折れ、体外に開放されている傷害のこと。治療（りょう）が複雑になる。
片側通行（かたがわつうこう）	道路の一方の側のみの通行。
予防注射（よぼうちゅうしゃ）	感染症（しょう）にかからないように、ワクチンなどを注しゃして体内に入れること。

読み　部首と部首名　画数　漢字と送りがな　音と訓　四字の熟語　対義語・類義語　熟語作り　熟語の構成　同じ読みの漢字　漢字

次の**カタカナ**を漢字になおし、**一字だけ**答えなさい。

☑ **01** 応急ショ置

☑ **02** 月刊雑シ

☑ **03** ショ名運動

☑ **04** リン機応変

☑ **05** 文化イ産

☑ **06** 宇チュウ遊泳

☑ **07** 器械体ソウ

☑ **08** 針小ボウ大

☑ **09** セン門学校

☑ **10** 大器バン成

合格点
7/10

1回目		2回目	
月 日	/10	月 日	/10

読み

部首と部首名

画 数

漢字と送りがな

音と訓

四字の熟語

対義語・類義語

熟語作り

熟語の構成

同じ読みの漢字

漢字

解答

解説

応急処置
おうきゅうしょち
急病人やけが人に対して、とりあえずその場でしておく手当て。
出例 救急処置

月刊雑誌
げっかんざっし
毎月発行する雑し。

署名運動
しょめいうんどう
ある問題に対する意見などについて多くの人からしょ名をあつめ、それを意思決定主体へ提出すること。出例 署名活動

臨機応変
りんきおうへん
そのときそのときに応じたやり方をすること。
出例 臨時国会／臨時休校

文化遺産
ぶんかいさん
前代の人がのこしたすぐれた文化。

宇宙遊泳
うちゅうゆうえい
宇ちゅうで飛行士が船の外に出て行動すること。
出例 「宇」も問われる

器械体操
きかいたいそう
飛び箱、鉄棒などの器械をつかっておこなう体そう。
出例 「器」も問われる

針小棒大
しんしょうぼうだい
小さなことを大げさにいうこと。
出例 「針」も問われる

専門学校
せんもんがっこう
せん門の教育をする学校。
出例 専売特許／一意専心

大器晩成
たいきばんせい
すぐれた才能のある人は、年をとってから立派になるということ。

次の**カタカナ**を漢字になおし、**一字だけ**答えなさい。

☑ **01** 無理ナン題

☑ **02** 明ロウ快活

☑ **03** ユウ先順位

☑ **04** 公シュウ衛生

☑ **05** リン時列車

☑ **06** キョウ土芸能

☑ **07** ホ足説明

☑ **08** 永久保ゾン

☑ **09** 学級日シ

☑ **10** 四シャ五入

解答	解説

無理難題（む り なんだい）
無理な言いがかり。

明朗快活（めいろうかいかつ）
明るくほがらかで、元気な様子。

優先順位（ゆうせんじゅんい）
複数の事柄について、どれを先にするべきかの順位。

公衆衛生（こうしゅうえいせい）
地域、学校、職場などで、人びとの病気を予防したり、健康をまもること。

臨時列車（りんじれっしゃ）
必要な場合にりん時に運行する列車。

郷土芸能（きょうどげいのう）
ある地方特有の踊り、音楽など。

補足説明（ほそくせつめい）
たりないところをつけたして説明すること。

永久保存（えいきゅうほぞん）
永久にとっておくこと。
出例 平和共存（へいわきょうぞん）／保存状態（ほぞんじょうたい）

学級日誌（がっきゅうにっし）
学級などのその日の出来事や感想をかいておく記録。

四捨五入（ししゃごにゅう）
ある位の数字が4以下のときはきりすて、5以上のときはきりあげて上の位の数に1をくわえ、およその数にすること。

右の□内のひらがなを一度だけ使い、漢字**一字**に
直して□に入れ、**対義語・類義語**を作りなさい。

対義語

☑ 01 通常 ↔ □時

☑ 02 公開 ↔ 秘□

☑ 03 水平 ↔ □直

☑ 04 実物 ↔ □型

☑ 05 容易 ↔ 困□

類義語

☑ 06 進歩 ＝ 発□

☑ 07 広告 ＝ □伝

☑ 08 役者 ＝ 俳□

☑ 09 他界 ＝ 死□

☑ 10 方法 ＝ 手□

すい
せん
だん
てん
なん
ぼう
みつ
も
ゆう
りん

合格点	1回目	2回目
7/10	月 日 /10	月 日 /10

解 答 / 解 説

解答	解説
臨時 りんじ	通常：普通。いつも。 臨時：決まったときでなく、必要なときにおこなうこと。**出例** 定例 ↔ 臨時
秘密 ひみつ	公開：自由に見せたりつかわせたりすること。 秘密：しられないようにかくすこと。 **出例** 公然 ↔ 秘密
垂直 すいちょく	水平：地球の重力の向きと直角な方向。 垂直：直線や平面が直角にまじわること。
模型 もけい	実物：本物。実際の物。 模型：実物に形をにせてつくった物。
困難 こんなん	容易：易しい。手軽。 困難：むずかしいこと。**出例** 安易 ↔ 困難
発展 はってん	進歩：物事が良いほうへすすんでいくこと。 発展：栄えていくこと。立派になっていくこと。のびひろがること。**出例** 向上 = 発展
宣伝 せんでん	広告：世の中の人びとに広くしらせること。 宣伝：おおぜいの人に広くつたえること。
俳優 はいゆう	役者：劇をえんじる人。 俳優：映画、芝居、劇などで、役をえんじる人。
死亡 しぼう	他界：しぬこと。 死亡：しぬこと。**出例** 死去 = 死亡
手段 しゅだん	方法：やり方。しかた。 手段：目的を達するために必要な方法。**出例** 方策 = 手段

対義語・類義語②

右の□内のひらがなを一度だけ使い、漢字**一字**に直して□に入れ、**対義語・類義語**を作りなさい。

対義語

☑ **01** 寒冷 ↔ 温□

☑ **02** 義務 ↔ □利

☑ **03** 拡大 ↔ □小

☑ **04** 往復 ↔ □道

☑ **05** 誕生 ↔ 死□

類義語

☑ **06** 直前 = □前

☑ **07** 価格 = □段

☑ **08** 始末 = □理

☑ **09** 真心 = □意

☑ **10** 給料 = □金

かた
けん
しゅく
しょ
すん
せい
だん
ちん
ね
ぼう

解 答 / 解 説

解答	解説
温暖 おんだん	寒冷：寒く冷たいこと。 温暖：気候があたたかいこと。
権利 けんり	義務：当然しなければならない務め。 権利：みとめられ、まもられる自由と利益。
縮小 しゅくしょう	拡大：ひろげて大きくすること。 縮小：ちぢめて小さくすること。
片道 かたみち	往復：行きと帰り。行ったりきたりすること。 片道：行きか帰りかどちらか一方。
死亡 しぼう	誕生：人が生まれること。物が新しくできること。 死亡：しぬこと。 出例 出生 ↔ 死亡
寸前 すんぜん	直前：すぐ前。 寸前：直前。ほんの少し前。
値段 ねだん	価格：物の価値を金額で表したもの。 値段：品物をうったりかったりするときの金額。
処理 しょり	始末：かたづけること。 処理：物ごとの始末をつけ、かたづけること。
誠意 せいい	真心：いつわりのない本当の気持ち。 誠意：真心。
賃金 ちんぎん	給料：やといぬしがはたらいた人へはらうお金。 賃金：はたらいた分についてうけとるお金。

対義語・類義語③

右の□内のひらがなを一度だけ使い、漢字**一字**に直して□に入れ、**対義語・類義語**を作りなさい。

対義語

☑ 01 冷静 ↔ 興□

☑ 02 複雑 ↔ 単□

☑ 03 地味 ↔ □手

☑ 04 快楽 ↔ 苦□

☑ 05 整理 ↔ 散□

類義語

☑ 06 地区 = 地□

☑ 07 快活 = 明□

☑ 08 後方 = □後

☑ 09 助言 = □告

☑ 10 作者 = □者

いき
じゅん
ちゅう
ちょ
つう
は
はい
ふん
らん
ろう

解　答	解　説

興奮(こうふん)
冷静：感情的にならずおちついていること。
興奮：感情がたかぶること。

単純(たんじゅん)
複雑：こみいっていること。
単純：簡単なこと。こみいってないこと。

派手(はで)
地味：飾り気がなく、落ち着いた感じで目立たない様子。
派手：はなやかで目立つこと。

苦痛(くつう)
快楽：気持ちよく楽しいこと。
苦痛：くるしみ。いたみ。

散乱(さんらん)
整理：きちんとととのえること。
散乱：物がちらかりみだれていること。

地域(ちいき)
地区：くぎられた土地。
地域：くぎられたある範囲内の土地。

明朗(めいろう)
快活：明るく、元気ではきはきしている様子。
明朗：明るくほがらかなこと。

背後(はいご)
後方：うしろのほう。
背後：うしろ。表面に表れない、かげの部分。

忠告(ちゅうこく)
助言：そばから言葉をそえてたすけること。
忠告：まごころをもって相手に注意し直すようすすめること。**出例** 苦言＝忠告

著者(ちょしゃ)
作者：小説、歌、絵画などの作品をつくった人。
著者：その本をかきあらわした人。
出例 筆者＝著者

対義語・類義語④

右の□内のひらがなを一度だけ使い、漢字**一字**に
直して□に入れ、**対義語・類義語**を作りなさい。

対義語

☑ **01** 応答 ↔ 質□

☑ **02** 外出 ↔ 帰□

☑ **03** 延長 ↔ 短□

☑ **04** 河口 ↔ 水□

☑ **05** 友好 ↔ □対

類義語

☑ **06** 有名 = □名

☑ **07** 自分 = 自□

☑ **08** 未来 = □来

☑ **09** 加入 = 加□

☑ **10** 所得 = □入

ぎ
げん
こ
しゅう
しゅく
しょう
たく
ちょ
てき
めい

解答	解説

質疑	応答：きかれたことや、よびかけにこたえること。 質疑：わからないことなどをたずねること。
帰宅	外出：家から外へでかけること。 帰宅：自分の家に帰ること。
短縮	延長：長く延びること。延ばすこと。 短縮：短くちぢめること。
水源	河口：川が海や湖などにながれこむところ。 水源：川の水の流れ出てくるもと。
敵対	友好：仲良く付き合うこと。 敵対：相手をてきとみなしてはむかうこと。
著名	有名：世の中によくしられていること。 著名：名が広くしられていること。
自己	自分：本人。 自己：自分。自身。
将来	未来：これから先。 将来：これから先。
加盟	加入：会や団体などに加わること。 加盟：国家・団体・個人などが同じ目的のために団体に加わること。 出例 入会 ＝ 加盟
収入	所得：ある期間内に得た利益のこと。 収入：お金が入ること。またはそのお金。

読み / 部首と部首名 / 画数 / 漢字と送りがな / 音と訓 / 四字の熟語 / 対義語・類義語 / 熟語作り / 熟語の構成 / 同じ読みの漢字 / 漢字

熟語作り①

右の□の中から漢字を選んで、**01～05**の意味にあてはまる**熟語**を作り、**記号**で答えなさい（**06～10**も同様）。

☐ **01** そうではないと打ち消すこと。

☐ **02** 広げて大きくすること。

☐ **03** 物事に動じないしっかりした心。

☐ **04** 団体の仲間に入ること。

☐ **05** かんたんでまとまり、むだがないこと。

ア 簡	カ 加
イ 潔	キ 定
ウ 拡	ク 胸
エ 張	ケ 盟
オ 否	コ 度

☐ **06** ほしいと願うことやその心。

☐ **07** まじめで心がこもっていること。

☐ **08** 人の行いの守るべききまり。

☐ **09** 目で見渡せる範囲（はん）。

☐ **10** 心を一つのことだけに集中させること。

ア 誠	カ 欲
イ 界	キ 専
ウ 視	ク 実
エ 望	ケ 念
オ 規	コ 律

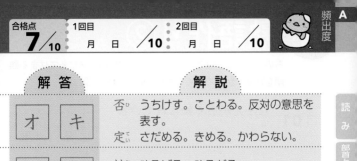

解 答	解 説
オ　キ	否ひ うちけす。ことわる。反対の意思を表す。 定てい さだめる。きめる。かわらない。
ウ　エ	拡かく ひろげる。ひろがる。 張ちょう はる。ひろげる。
コ　ク	度ど 物事のほどあい。回数。目盛り。きまり。 胸きょう むね。気持ち。
カ　ケ	加か くわえる。たす。仲間にする。 盟めい ちかいあい。仲間になる。かたい約束。
ア　イ	簡かん 手軽なこと。手紙。 潔けつ むだがない。けがれのない。
カ　エ	欲よく ほしがる。ねがいもとめる。そうしたいとおもう。 望ぼう ねがう。遠くをみる。
ア　ク	誠せい まこと。うそやごまかしのない。 実じつ 本当。中身。みのる。草木のみ。
オ　コ	規き きまり。正しくする。 律りつ きまり。おきて。音の調子。
ウ　イ	視し よくみる。そのようにかんがえる。そのようにみる。 界かい 境。境の中。あたり。
キ　ケ	専せん そのことだけ。自分だけの物にする。 念ねん 思い。じっくりかんがえる。気をつける。

右の□の中から漢字を選んで、**01～05**の意味にあてはまる**熟語**を作り、**記号**で答えなさい（**06～10**も同様）。

☑ **01** なまえが広く知られていること。

☑ **02** 生まれた土地。ふるさと。

☑ **03** とてもいそぐこと。

☑ **04** はなやかで、目立つこと。

☑ **05** 人の一生の終わりに近い時期。

ア 急	カ 晩
イ 至	キ 郷
ウ 手	ク 著
エ 派	ケ 年
オ 名	コ 里

☑ **06** 病人やけが人の世話をすること。

☑ **07** 悪い部分を直し、より良いものにすること。

☑ **08** 新しく仕事や役目につくこと。

☑ **09** 大切にしまっておくこと。

☑ **10** 前もって注意するよう知らせること。

ア 告	カ 改
イ 革	キ 秘
ウ 任	ク 護
エ 蔵	ケ 就
オ 警	コ 看

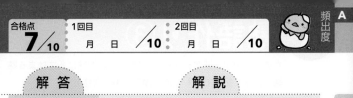
解 答	解 説
ク オ	著 本をかきあらわす。めだつ。 名 なまえ。すぐれている。
キ コ	郷 生まれそだった土地。ふるさと。場所。 里 むらざと。いなか。
イ ア	至 いたる。いきつく。このうえなく。 急 いそぐ。早い。
エ ウ	派 わかれる。わかれた物。 手 て。やりかた。腕前。人。
カ ケ	晩 夕方。夜。おそい。おわり。 年 とし。時代。
コ ク	看 よくみる。みまもる。みはる。 護 大切にまもる。
カ イ	改 なおして良くする。かえる。しらべる。 革 あらためる。変える。かわ。
ケ ウ	就 仕事や役目につく。なしとげる。 任 務め。まかせる。
キ エ	秘 かくす。人知のおよばない。通じない。 蔵 しまっておく。物を入れておく建物。
オ ア	警 用心する。注意をする。 告 知らせる。つげる。うったえる。

右の□の中から漢字を選んで、**01〜05**の意味にあてはまる**熟語**を作り、**記号**で答えなさい（**06〜10**も同様）。

☑ **01** 物事をよく調べて考えること。

☑ **02** 新しいものをつくり出すこと。

☑ **03** とても大切なこと。

☑ **04** 物事のねうちや大切さ。

☑ **05** お年寄りをうやまうこと。

ア 討	カ 老
イ 作	キ 検
ウ 貴	ク 価
エ 重	ケ 敬
オ 創	コ 値

☑ **06** 物事の始末をつけること。

☑ **07** ほんのわずかまえ。

☑ **08** 機械や道具などを動かすこと。

☑ **09** 不十分なところをおぎなうこと。

☑ **10** 仕事をみんなで分けて受け持つこと。

ア 処	カ 担
イ 理	キ 操
ウ 補	ク 作
エ 前	ケ 分
オ 足	コ 寸

合格点	1回目	2回目
7/10	月 日 /10	月 日 /10

解 答　　　解 説

キ	ア	検 けん	調べること。
		討 とう	よく調べる。せめる。
オ	イ	創 そう	はじめる。はじめてつくる。傷。つくる。
		作 さく	つくる。働き。
ウ	エ	貴 き	身分や値打ちが高い。うやまう気持ちを表す。
		重 ちょう	おもい。大事な。ひどい。かさねる。
ク	コ	価 か	ねうち。ねだん。
		値 ち	あたい。ねうち。数の大きさ。
ケ	カ	敬 けい	うやまう。うやうやしくする。
		老 ろう	年をとる。また、年をとった人。
ア	イ	処 しょ	適切にとりさばく。いる。場所。
		理 り	ととのえる。筋道。きまり。自然科学。
コ	エ	寸 すん	長さの単位。わずか。短い。
		前 ぜん	まえ。昔。
キ	ク	操 そう	あやつる。志や愛をかたくまもる。
		作 さ	つくる。働き。
ウ	オ	補 ほ	おぎなう。つけたす。助ける。
		足 そく	あし。歩く。たりる。加える。
ケ	カ	分 ぶん	わける。はなれる。
		担 たん	かつぐ。になう。うけもつ。ひきうける。

熟語の構成①

次の熟語の**構成**は右の□の中のどれにあたるか、一つ選び、**記号**で答えなさい。

☐ **01** 特権

☐ **02** 養蚕

☐ **03** 勤務

☐ **04** 牛乳

☐ **05** 取捨

☐ **06** 映写

☐ **07** 登頂

☐ **08** 絹糸

☐ **09** 観劇

☐ **10** 公私

ア 反対や対(つい)になる意味の字を組み合わせたもの
（例＝**軽重**）

イ 同じような意味の字を組み合わせたもの
（例＝**身体**）

ウ 前の字が後ろの字の意味を説明（修飾(しょく)）しているもの
（例＝**会員**）

エ 後ろの字から前の字へ返って読むと意味がよくわかるもの
（例＝**着火**）

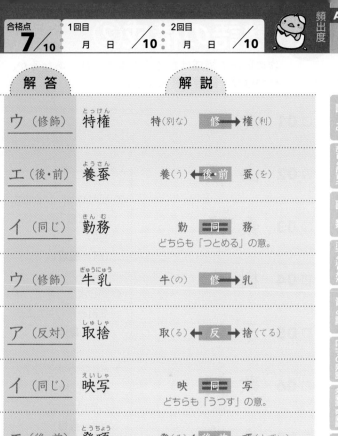

解答		解説
ウ（修飾）	特権 とっけん	特（別な） **修→** 権（利）
エ（後・前）	養蚕 ようさん	養（う）**←後・前** 蚕（を）
イ（同じ）	勤務 きんむ	勤 **＝同＝** 務 どちらも「つとめる」の意。
ウ（修飾）	牛乳 ぎゅうにゅう	牛（の）**修→** 乳
ア（反対）	取捨 しゅしゃ	取（る）**←反→** 捨（てる）
イ（同じ）	映写 えいしゃ	映 **＝同＝** 写 どちらも「うつす」の意。
エ（後・前）	登頂 とうちょう	登（る）**←後・前** 頂（山頂に）
ウ（修飾）	絹糸 きぬいと	絹（の）**修→** 糸
エ（後・前）	観劇 かんげき	観（みる）**←後・前** 劇（を）
ア（反対）	公私 こうし	公（的なこと）**←反→** 私（的なこと）

熟語の構成②

次の熟語の**構成**は右の□の中のどれにあたるか、
一つ選び、**記号**で答えなさい。

□ **01** 洗面

□ **02** 山頂

□ **03** 乗降

□ **04** 樹木

□ **05** 干満

□ **06** 歌詞

□ **07** 立腹

□ **08** 翌週

□ **09** 除去

□ **10** 延期

ア 反対や対になる意味
　の字を組み合わせた
　もの
　（例 = **軽重**）

イ 同じような意味の字
　を組み合わせたもの
　（例 = **身体**）

ウ 前の字が後ろの字の
　意味を説明（修飾）
　しているもの
　（例 = **会員**）

エ 後ろの字から前の字
　へ返って読むと意味
　がよくわかるもの
　（例 = **着火**）

解答　　解説

エ（後・前）　洗面（せんめん）　　洗（う）←後・前　面（顔を）

ウ（修飾）　山頂（さんちょう）　　山（の）　修→　頂（一番高いところ）

ア（反対）　乗降（じょうこう）　　乗（る）←反→降（りる）

イ（同じ）　樹木（じゅもく）　　樹　同　木
どちらも「き」の意。

ア（反対）　干満（かんまん）　　干（海の水位が低い）←反→満（海の水位が高い）

ウ（修飾）　歌詞（かし）　　歌（の）　修→　詞（ことば）

エ（後・前）　立腹（りっぷく）　　立（てる）←後・前　腹（を）

ウ（修飾）　翌週（よくしゅう）　　翌（次の）　修→　週

イ（同じ）　除去（じょきょ）　　除　同　去
どちらも「とりのぞく」の意。

エ（後・前）　延期（えんき）　　延（ばす）←後・前　期（約束の日を）

読み　部首と部首名　画数　漢字と送りがな　音と訓　四字の熟語　対義語類義語　熟語作り　熟語の構成　同じ読みの漢字　漢字

熟語の構成③

次の熟語の**構成**は右の□の中のどれにあたるか、
一つ選び、**記号**で答えなさい。

☑ 01 善良

☑ 02 困苦

☑ 03 善悪

☑ 04 胃液

☑ 05 縦横

☑ 06 恩人

☑ 07 短針

☑ 08 看病

☑ 09 負傷

☑ 10 洗顔

ア 反対や対になる意味
　の字を組み合わせた
　もの
　（例＝**軽重**）

イ 同じような意味の字
　を組み合わせたもの
　（例＝**身体**）

ウ 前の字が後ろの字の
　意味を説明（修飾）
　しているもの
　（例＝**会員**）

エ 後ろの字から前の字
　へ返って読むと意味
　がよくわかるもの
　（例＝**着火**）

解答		解説

イ（同じ）　<ruby>善良<rt>ぜんりょう</rt></ruby>

善 **＝同＝** 良
どちらも「よい」の意。

イ（同じ）　<ruby>困苦<rt>こんく</rt></ruby>

困 **＝同＝** 苦
どちらも「くるしむ」の意。

ア（反対）　<ruby>善悪<rt>ぜんあく</rt></ruby>

善（い）←**反**→悪（い）

ウ（修飾）　<ruby>胃液<rt>いえき</rt></ruby>

胃（て出る）　**修**→液（消化液）

ア（反対）　<ruby>縦横<rt>じゅうおう</rt></ruby>

縦←**反**→横

ウ（修飾）　<ruby>恩人<rt>おんじん</rt></ruby>

恩（のある）　**修**→人（物）

ウ（修飾）　<ruby>短針<rt>たんしん</rt></ruby>

短（い）　**修**→針

エ（後・前）　<ruby>看病<rt>かんびょう</rt></ruby>

看（見守る）←**後・前** 病（人を）

エ（後・前）　<ruby>負傷<rt>ふしょう</rt></ruby>

負（う）←**後・前** 傷（を）

エ（後・前）　<ruby>洗顔<rt>せんがん</rt></ruby>

洗（う）←**後・前** 顔（を）

読み　部首と部首名　画数　漢字と送りがな　音と訓　四字の熟語　対義語・類義語　熟語作り　熟語の構成　同じ読みの漢字　漢字

次の＿＿線の**カタカナ**を**漢字**になおしなさい。

☑ **01** 近<u>シ</u>用の眼鏡をつくる。

☑ **02** <u>シ</u>急お越しください。

☑ **03** 荷物をきれいに包<u>ソウ</u>する。

☑ **04** 新しい商品の構<u>ソウ</u>を練る。

☑ **05** 飛行機は気圧の関係で急<u>コウ</u>下した。

☑ **06** 天<u>コウ</u>を考慮^{りょ}して出発を延期する。

☑ **07** <u>トウ</u>分のコントロールは難しい。

☑ **08** 政<u>トウ</u>支持率の推移を確認する。

☑ **09** 音楽会で合奏の指<u>キ</u>をする。

☑ **10** 海外で<u>キ</u>重な体験をする。

合格点	1回目	2回目
7/10	月　日／10	月　日／10

解答 / 解説

近視（きんし）
近視：遠くがよくみえない目。
出例 支給／禁止／恩師
対義語 遠視　類義語 近眼

至急（しきゅう）
至急：非常にいそぐこと。

包装（ほうそう）
包装：荷造りすること。品物を包むこと。また、そのうわづつみ。
出例 放送／高層／独創

構想（こうそう）
構想：これから行う計画について、実行の手順や実現方法などについての案をまとめること。

降下（こうか）
降下：高い場所から低い場所へおりること。
出例 高価／友好／効果

天候（てんこう）
天候：数日以上の平均的な天気の状態をいう。

糖分（とうぶん）
糖分：食品などに含まれるとう類の成分。
出例 点灯／正当／等分

政党（せいとう）
政党：政治に関して、考えを同じくする人びとの集まり。
出例 正答

指揮（しき）
指揮：指図して人びとをまとめうごかすこと。
出例 四季／機長／帰省

貴重（きちょう）
貴重：価値の高いこと。とても大切であること。

同じ読みの漢字②

次の___線の**カタカナ**を**漢字**になおしなさい。

☐ **01** ニュース番組に姿が**ウツ**る。

☐ **02** 先生の机の位置を**ウツ**す。

☐ **03** ジョギングが習**カン**になる。

☐ **04** できるだけ**カン**潔に答える。

☐ **05** 最近、卵が**ネ**上がりした。

☐ **06** 姉は**ネ**が真面目だ。

☐ **07** あやまれば**ス**むことだ。

☐ **08** マンションの高層階に**ス**む。

☐ **09** ご仏前に線香を**ソナ**える。

☐ **10** テストに**ソナ**えて勉強する。

解 答	解 説
<ruby>映<rt>うつ</rt></ruby>る	映る：物に反射、またはスクリーンなどに現れる。 出例 写す
<ruby>移<rt>うつ</rt></ruby>す	移す：場所をおきかえる。
<ruby>習慣<rt>しゅうかん</rt></ruby>	習慣：長年行われていて、そうすることが決まりのようになっている事柄。しきたり。 出例 完結／週刊／看板
<ruby>簡潔<rt>かんけつ</rt></ruby>	簡潔：表現がかん単で、むだがないこと。
<ruby>値<rt>ね</rt></ruby>	値：物のねだん。 出例 音
<ruby>根<rt>ね</rt></ruby>	根：生まれつきの性質。 豆「真面目」を「まじめ」と読むのは熟字訓
<ruby>済<rt>す</rt></ruby>む	済む：解決する。それでたりる。
<ruby>住<rt>す</rt></ruby>む	住む：居所をきめて生活する。
<ruby>供<rt>そな</rt></ruby>える	供える：神仏に物をさしあげる。
<ruby>備<rt>そな</rt></ruby>えて	備える：準備しておく。

読み　部首と部首名　画数　漢字と送りがな　音と訓　四字の熟語　対義語・類義語　熟語作り　熟語の構成　同じ読みの漢字　漢字

次の＿＿＿線の**カタカナ**を**漢字**になおしなさい。

☑ **01** <u>シオ</u>からい味つけの料理を作る。

☑ **02** 夏休みに<u>シオ</u>の満ち引きを観察した。

☑ **03** 学園祭で作品を<u>テン</u>示する。

☑ **04** 古<u>テン</u>の名作を読破する。

☑ **05** おたがいに自<u>コ</u>紹介をする。

☑ **06** 朝早く起きて外で深<u>コ</u>吸する。

☑ **07** 医師として病院に<u>ツト</u>める。

☑ **08** サービスの向上に<u>ツト</u>める。

☑ **09** お<u>トモ</u>を連れて旅をする時代劇が好きだ。

☑ **10** つねに行動を<u>トモ</u>にする。

合格点 **7**/10

1回目 　月　日／**10**

2回目 　月　日／**10**

解答	解説
塩 しお	塩：海水や岩塩などを加工すると出来る、白くてしおからい味の物。
潮 しお	潮：太陽や月の引力の影響によって海面の水位が定期的に変化する現象のこと。
展示 てん じ	展示：作品や品物を並べて一般に公開すること。 出例 点字／転回
古典 こ てん	古典：昔に書かれた書物。時代をこえて手本とされるもの。
自己 じ こ	自己：自分。自身。 出例 事故／一戸
深呼吸 しん こ きゅう	深呼吸：大きくゆっくりと息を吸ったり吐いたりすること。
勤める つと	勤める：役所や会社などにやとわれてはたらく。 出例 務める
努める つと	努める：目的を達成するために力を尽くすこと。
供 とも	供：主人に従うこと。 出例 友
共 とも	共：いっしょ。同じ。

次の＿＿線の**カタカナ**を**漢字**になおしなさい。

☐ **01** ハラっぱで犬を散歩させる。

☐ **02** 試合前にハラごしらえをする。

☐ **03** 太り気味なのでゲン量をする。

☐ **04** 食べ物の持ち込みはゲン禁だ。

☐ **05** 兄は今、北海道にイる。

☐ **06** 遠くはなれた的をイる。

☐ **07** 観シュウの声援にこたえる。

☐ **08** 地域の慣シュウを大切にする。

☐ **09** オリンピックのセイ火をともす。

☐ **10** 年末年始は帰セイで道路が混雑する。

解　答	解　説

原 はら	原：平らで広い土地。
腹 はら	腹：おなか。心の中。「腹ごしらえ」は食べ物をたべ、おなかがすかないようにする意。
減量 げんりょう	減量：量や重さをへらすこと。とくに体重を減らすこと。 **出例** 原料／現金／元首
厳禁 げんきん	厳禁：きびしくきんじること。
居る い	居る：そこにある。すんでいる。
射る い	射る：目標にむかい矢をはなつ。
観衆 かんしゅう	観衆：もよおし物などを見に集まった大勢の見物人。 **出例** 就職／収支／宗教
慣習 かんしゅう	慣習：昔から一般に受け継がれてきているならわしのこと。
聖火 せい か	聖火：神にささげる神聖な火。オリンピックの期間中、絶やさないように燃やす火。 **出例** 青果／生家／後世
帰省 き せい	帰省：故郷に帰ること。

読み｜部首と部首名｜画数｜漢字と送りがな｜音と訓｜四字の熟語｜対義語・類義語｜熟語作り｜熟語の構成｜同じ読みの漢字｜漢字

次の＿＿線の**カタカナ**を**漢字**になおしなさい。

☑ **01** 窓口で<u>ザセキ</u>指定券を買う。

☑ **02** すばらしいピアノの<u>エンソウ</u>に聞きほれる。

☑ **03** <u>ハイク</u>は世界でいちばん短い詩である。

☑ **04** <u>テツボウ</u>で逆上がりをする。

☑ **05** きちんとした<u>フクソウ</u>で出かける。

☑ **06** 兄は法律の<u>センモン</u>家だ。

☑ **07** 模造紙をつつ状に<u>マ</u>く。

☑ **08** 人ごみで母の<u>スガタ</u>を見失う。

☑ **09** ご飯を茶わんに<u>モ</u>る。

☑ **10** 名演技に<u>ムネ</u>を打たれた。

合格点	1回目	2回目	
7/10	月　日 /10	月　日 /10	

解答　　解説

座席
ざせき

座席：すわる場所。
出例 星座／オリオン座／王座／正座

演奏
えんそう

演奏：楽器をひくこと。
出例 独奏／合奏

俳句
はいく

俳句：五・七・五の十七音の短い詩。
出例 俳優　✗ 拝句

鉄棒
てつぼう

鉄棒：体操器具のてつのぼう。
出例 綿棒

服装
ふくそう

服装：身につける服。よそおい。身なり。
出例 装置／包装／軽装／改装

専門
せんもん

専門：とくに、ある一つの事柄だけ研究・担当すること。またはその仕事や学問。
出例 専用　✗ 専問／宣門

巻く
まく

巻く：丸くまとめる。

姿
すがた

姿：体や物の形。体つき。様子。

盛る
もる

盛る：物を器に入れる。また、上に重ねていく。

胸
むね

胸：心。気持ち。(豆)「胸を打つ」＝感動させる

93

漢字②

次の___線の**カタカナ**を**漢字**になおしなさい。

□ **01** 飛行機の<u>モケイ</u>をつくる。

□ **02** コーラス部の部長が<u>シキ</u>をする。

□ **03** <u>テンジ</u>物にふれてはいけない。

□ **04** 友人より受けた<u>オン</u>を返す。

□ **05** 大きな<u>カンバン</u>が目につく。

□ **06** 教育問題の<u>トウロン</u>会に参加する。

□ **07** <u>マド</u>から外のようすを見る。

□ **08** 美術館入場の長い列に<u>ナラ</u>ぶ。

□ **09** 冬は日が<u>ク</u>れるのが早い。

□ **10** 親の目が<u>トド</u>くところで遊ばせる。

解 答	解 説

模型
もけい

模型：実物に形をにせてつくった物。
出例 模様／規模 ✕模形

指揮
しき

指揮：人々をさしずして、全体に統一ある動きをさせること。合奏や合唱などで全体を統率すること。出例 発揮

展示
てんじ

展示：多くの人にならべてみせること。
出例 展覧／展望／発展

恩
おん

恩：人から受けるめぐみ、情け、いつくしみ。
出例 恩師

看板
かんばん

看板：店の名や商品の名などをかいて、人目につくように店先などにかかげた物。
出例 看護／看病

討論
とうろん

討論：おたがい意見をいいあうこと。
出例 討議 ✕投論／登論／答論

窓
まど

窓：室内に光や風を入れるために、壁などにあけた開口部。
出例 窓辺／窓口／窓側

並ぶ
ならぶ

並ぶ：列をつくって位置する。となり合う。
出例 並べる／並木

暮れる
くれる

暮れる：太陽が沈む。心がまよい、わからなくなる。

届く
とどく

届く：注意などが十分いきわたる。達する。
出例 届ける

次の＿＿線の**カタカナ**を**漢字**になおしなさい。

☑ **01** <u>シセイ</u>の悪さを注意される。

☑ **02** 世界<u>イサン</u>に認定される。

☑ **03** <u>テキ</u>のチームに勝つのは難しい。

☑ **04** 地球は<u>ウチュウ</u>空間にある。

☑ **05** 兄の志望は<u>ケイサツ</u>官だ。

☑ **06** <u>ショウライ</u>は科学者になるつもりだ。

☑ **07** かさを車内に<u>ワス</u>れる。

☑ **08** 気の<u>ス</u>むまで練習する。

☑ **09** 先生の指示に<u>シタガ</u>うべきだ。

☑ **10** 川に<u>ソ</u>う長い道を散歩する。

解　答	解　説
姿勢 し せい	姿勢：体の格好や構え。
遺産 い さん	遺産：前代の人がのこしていった大切な物。 ✗遺産
敵 てき	敵：戦いや争いの相手。ある者にとってよくないもの。 出例 強敵
宇宙 う ちゅう	宇宙：太陽系をふくむ、果てしなくひろがる空間。 ✗字宙
警察 けい さつ	警察：国民の生命や財産の保護、犯罪の予防や捜査など、社会秩序を維持する活動。 出例 警備／警報／警護
将来 しょうらい	将来：これから先。 出例 主将
忘れる わ す	忘れる：うっかりして物をおいてくる。
済む す	済む：満足する。 出例 済ます
従う したが	従う：いわれたとおりにする。
沿う そ	沿う：長い物からはなれない状態を保つ。

読み｜部首と部首名｜画数｜漢字と送りがな｜音と訓｜四字の熟語｜対義語・類義語｜熟語作り｜熟語の構成｜同じ読みの漢字｜漢字

次の___線の**カタカナ**を**漢字**になおしなさい。

☑ **01** この**チイキ**の特産物は米だ。

☑ **02** テレビが**コショウ**して音が出ない。

☑ **03** リスは木の実を**チョゾウ**する。

☑ **04** **タンニン**の先生にほめられる。

☑ **05** 貴重な**シゲン**を有効に使う。

☑ **06** 先生のまねをして**タイソウ**する。

☑ **07** ごみを分別して**ス**てる。

☑ **08** 織物では糸の段階で色を**ソ**める手法がある。

☑ **09** **オサナ**いときの友人に再会した。

☑ **10** 大声で助けを**ヨ**ぶ。

合格点

7/10

1回目

月　日　/**10**

2回目

月　日　/**10**

解 答

解 説

<ruby>地域<rt>ち いき</rt></ruby>	地域：区切られたある範囲内の土地。 **出例** 区域／流域　✕ 地城
<ruby>故障<rt>こ しょう</rt></ruby>	故障：機械や体の具合が悪くなること。 **出例** 障害
<ruby>貯蔵<rt>ちょ ぞう</rt></ruby>	貯蔵：たくわえておくこと。 **出例** 冷蔵／冷蔵庫／蔵書
<ruby>担任<rt>たん にん</rt></ruby>	担任：学校で学級や教科を受け持つこと。 またはその先生。 **出例** 担当／分担／負担
<ruby>資源<rt>し げん</rt></ruby>	資源：物を生産する元となる物。 **出例** 電源　✕ 資原／姿源
<ruby>体操<rt>たい そう</rt></ruby>	体操：からだを規則正しく動かす運動。 **出例** 操作／操縦
<ruby>捨<rt>す</rt></ruby>てる	捨てる：いらない物として手ばなす。ほうる。
<ruby>染<rt>そ</rt></ruby>める	染める：色がしみこむようにする。その色 にする。心をうばわれる。 **出例** 染まる
<ruby>幼<rt>おさな</rt></ruby>い	幼い：年が少ない。
<ruby>呼<rt>よ</rt></ruby>ぶ	呼ぶ：声をあげてこちらにきてもらう。

読み

部首と部首名

画数

漢字と送りがな

音と訓

四字の熟語

対義語類義語

熟語作り

熟語の構成

同じ読みの漢字

漢字

漢字⑤

次の___線の**カタカナ**を**漢字**になおしなさい。

☐ **01** 試合が<u>エンチョウ</u>戦になる。

☐ **02** <u>コウフン</u>して大声を出す。

☐ **03** 毎朝<u>ギュウニュウ</u>を飲むのが日課だ。

☐ **04** 学園祭で<u>ゲキ</u>を上演する。

☐ **05** 私は<u>スイリ</u>小説が好きだ。

☐ **06** 取材資料を<u>ホゾン</u>する。

☐ **07** 明日は雪が<u>フ</u>る予報だ。

☐ **08** 山の空気を深く<u>ス</u>う。

☐ **09** 時を<u>キザ</u>むかねの音。

☐ **10** 虫が食った葉を取り<u>ノゾ</u>く。

解答 / 解説

読み ／ 部首と部首名 ／ 画数 ／ 漢字と送りがな ／ 音と訓 ／ 四字の熟語 ／ 対義語・類義語 ／ 熟語作り ／ 熟語の構成 ／ 同じ読みの漢字 ／ **漢字**

延長（えんちょう）
延長：長くのびること。のばすこと。
出例 延期 ✕遠長

興奮（こうふん）
興奮：感情がたかぶること。
出例 奮起／奮戦

牛乳（ぎゅうにゅう）
牛乳：うしのちち。
出例 乳歯

劇（げき）
劇：芝居。演げき。ドラマ。
出例 演劇／悲劇

推理（すいり）
推理：すでにわかっていることをもとに、まだわからないことをおしはかること。
出例 推進／推移／推測／推定

保存（ほぞん）
保存：いつまでもそのままの状態をたもち、とっておくこと。
出例 存在

降る（ふる）
降る：雨や雪などが落ちてくる。小さい物が舞い落ちる。

吸う（すう）
吸う：気体や液体を鼻や口から体内にひき入れる。

刻む（きざむ）
刻む：細かく区切りながら進む。

除く（のぞく）
除く：取り去る。

次の＿＿線の**カタカナ**を**漢字**になおしなさい。

☑ **01** <u>ユウショウ</u>パレードを見物する。

☑ **02** <u>ユウビン</u>切手をふうとうにはる。

☑ **03** 教科書を毎日<u>ロウドク</u>する。

☑ **04** 事故の<u>エイゾウ</u>が放送される。

☑ **05** <u>キチョウ</u>品をフロントに預ける。

☑ **06** 商品の<u>センデン</u>にお金をかける。

☑ **07** 車を<u>アラ</u>う手伝いをする。

☑ **08** 母は<u>シタ</u>をのばして鼻につける。

☑ **09** 無理なことをたのまれて<u>コマ</u>る。

☑ **10** 額に髪の毛が<u>タ</u>れる。

解答 / 解説

| 読み | 部首と部首名 | 画数 | 漢字と送りがな | 音と訓 | 四字の熟語 | 対義語・類義語 | 熟語作り | 熟語の構成 | 同じ読みの漢字 | 漢字 |

優勝（ゆうしょう）

優勝：競技などで一位になること。
出例 優位／優先

郵便（ゆうびん）

郵便：手紙や小包などを送り先にとどけること。また、とどけられる物。
出例 郵便局

朗読（ろうどく）

朗読：詩や文章を声に出してよみあげること。
出例 明朗／朗報　✕郎読

映像（えいぞう）

映像：光によりうつし出された物の形や姿。
出例 映画／反映　✕映象

貴重（きちょう）

貴重：非常に大切なこと。

宣伝（せんでん）

宣伝：大勢の人に広くつたえること。
出例 宣言　✕専伝

洗う（あらう）

洗う：汚れを水や洗剤などでおとす。

舌（した）

舌：口内にある器官で、発音や味覚をつかさどる。べろ。
出例 舌つづみ

困る（こまる）

困る：どうしてよいかわからず、苦しむ。

垂れる（たれる）

垂れる：一続きの物の端が下がる。
出例 垂らす

次の＿＿線の**カタカナ**を**漢字**になおしなさい。

☑ **01** なるべく<u>カイダン</u>を使う。

☑ **02** <u>キョウリ</u>の母から荷物が届く。

☑ **03** <u>チョウジョウ</u>で記念さつ影^{えい}をした。

☑ **04** 本番前に<u>コキュウ</u>を整える。

☑ **05** <u>マイバン</u>寝^ねる前に本を読む。

☑ **06** テストの<u>タイサク</u>を練る。

☑ **07** ぬれたタオルを<u>ホ</u>す。

☑ **08** 両親はしつけに<u>キビ</u>しい。

☑ **09** 予想外の出来事に心が<u>ミダ</u>れる。

☑ **10** <u>ワレ</u>ながらいい出来だ。

合格点
7/10

1回目
月　日／10

2回目
月　日／10

頻出度 A

読み

部首と部首名

画数

漢字と送りがな

音と訓

四字の熟語

対義語・類義語

熟語作り

熟語の構成

同じ読みの漢字

漢字

解答	解説
階段 かいだん	階段：のぼりおりのための、段になった通路。 出例 段落／石段／段差 ✕ 回段
郷里 きょうり	郷里：自分の生まれそだった土地。ふるさと。 出例 郷土
頂上 ちょうじょう	頂上：山などのいちばん高いところ。 出例 山頂／頂点／登頂
呼吸 こきゅう	呼吸：息をすったりはいたりする。 ✕ 呼扱
毎晩 まいばん	毎晩：どの夜も。夜ごと。 出例 今晩／昨晩
対策 たいさく	対策：相手や行い、事件や成り行きに応じてとるやり方。 出例 散策／政策
干す ほす	干す：日光や風にあてかわかす。水分を取り去る。
厳しい きびしい	厳しい：正しくないことやいいかげんなことを簡単に許さない。
乱れる みだれる	乱れる：まとまらなくなる。 豆 「心が乱れる」は思いなやむの意 出例 乱す
我 われ	我：自分。わたし。 豆 「我ながら」は、自分のことながらの意

次の＿＿線の**漢字の読み**を**ひらがな**で書きなさい。

☑ **01** このままでは温暖化が加速する。

☑ **02** 国宝の寺を拝観する。

☑ **03** 戦後、農地改革が行われた。

☑ **04** おたがいの作品を批評しあう。

☑ **05** 運動不足で筋力が落ちた。

☑ **06** 学校で憲法について学ぶ。

☑ **07** インターネットで運賃を調べる。

☑ **08** 仏前で手を合わせ目を閉じる。

☑ **09** 失敗したとき、思わず舌を出した。

☑ **10** 電線から雨のしずくが垂れる。

解答 / 解説

おんだんか	温暖化：温室効果ガスが大気中に大量に放出されることで地球の気温が上昇すること。 出例 温暖／寒暖／暖流
はいかん	拝観：神社や寺、その宝物などをつつしんで見ること。 出例 参拝
かいかく	改革：悪い部分を直し、より良くすること。 出例 革命
ひひょう	批評：良い、悪いをみきわめて意見をのべること。 出例 批判
きんりょく	筋力：筋肉の力。 出例 筋肉／鉄筋
けんぽう	憲法：国のいちばんもとになる法律。 出例 憲章／立憲
うんちん	運賃：人が乗り物に乗るときや、荷物を送るときにはらう代金。 出例 賃金
とじる	閉じる：開いている物を閉める。 出例 閉める／閉まる
した	舌：口内にある器官で、発音や味覚をつかさどる。べろ。
たれる	垂れる：しずくとなり下におちる。 出例 垂らす

次の＿＿線の**漢字の読み**を**ひらがな**で書きなさい。

☑ **01** 深刻な問題として受け止める。

☑ **02** 宗教は戦争の原因にもなる。

☑ **03** 保健室で傷の処置をする。

☑ **04** 聖火が勢いよく燃える。

☑ **05** 牛乳を買い忘れた。

☑ **06** 夏の間だけ臨時に人をやとう。

☑ **07** 乗る寸前にドアが閉まる。

☑ **08** 昨夜は激しい雨が降った。

☑ **09** 厳しい状況に追い込まれる。

☑ **10** 裏庭には大きなカキの木がある。

解 答	解 説

しんこく

深刻：とても重大でさしせまった様子。
出例 定刻

しゅうきょう

宗教：神仏や神聖な存在などに関する信仰。また、その教えやそれにもとづく行い。

しょち

処置：病気や傷の手当てをすること。
出例 処理／処分／処方

せいか

聖火：神聖な火。オリンピックで競技場にともされる火。
出例 神聖／聖歌隊

ぎゅうにゅう

牛乳：牛の乳。
出例 乳歯

りんじ

臨時：間に合わせ。その期間だけのもの。
出例 臨時便

すんぜん

寸前：直前。ほんの少し前。
出例 寸断／一寸／原寸大／寸劇
✕ すんまえ

はげしい

激しい：勢いがたいへん強い。

きびしい

厳しい：ひどい。困難が多く、たいへん。
✕ はげ

うらにわ

裏庭：建物の正面と反対側にあるにわ。
出例 裏声／裏山／裏切る

次の＿＿線の**漢字の読み**を**ひらがな**で書きなさい。

☑ **01** 新社長の就任式に出席する。

☑ **02** 旅行の計画を綿密に立てる。

☑ **03** 写真の枚数を数える。

☑ **04** 体調が悪いので学校を早退した。

☑ **05** 白熱した議論が展開された。

☑ **06** 大学駅伝を沿道で応援する。

☑ **07** 国民には権利と義務がある。

☑ **08** 兄の言動は腹にすえかねる。

☑ **09** 足が痛いのでこれ以上歩けない。

☑ **10** 雨で運動会が延びる。

解答	解説

しゅうにん

就任：新しく仕事や役目につくこと。
出例 就職／就航

めんみつ

綿密：詳しく細かいこと。
出例 密接／精密／密集／密閉

まいすう

枚数：紙・板・皿など平たい物の数。
出例 枚挙

そうたい

早退：学校や会社を定時より早く出ること。
出例 引退／後退／退院／退場

ぎろん

議論：たがいに意見を述べること。
出例 結論／理論／論議 類義語 討論

えんどう

沿道：道路にそった場所。
出例 沿線／沿岸／沿革

けんり

権利：ある物事を自由に行う・行わないことがで
きる能力。一定の利益を主張し、それを受けること
ができる法律上の能力。出例 人権／実権／主権

はら

腹：心の中。
豆 「腹にすえかねる」＝しゃくにさわり、
そのままにしておけない様子

いたい

痛い：痛みをかんじる。苦しくつらい。
出例 痛む／痛める／痛手

のびる

延びる：日にちや時間を先へ送る。
出例 延べる／延ばす

次の＿＿線の**漢字の読み**を**ひらがな**で書きなさい。

☑ **01** 尺八は中国から伝わった楽器だ。

☑ **02** 我々の意見も尊重してほしい。

☑ **03** この小説は痛快で面白い。

☑ **04** アジア歴訪から帰国した。

☑ **05** 人気絶頂の歌手が登場する。

☑ **06** 今でも映像が目に浮かぶようだ。

☑ **07** 誠実な人がらで人望がある。

☑ **08** 無事とわかり胸をなでおろす。

☑ **09** 切り傷にばんそうこうをはった。

☑ **10** 老後は暖かい国に移住したい。

解 答	解 説
しゃくはち	尺八：竹でつくられた縦笛の一種。 **出例** 尺度
そんちょう	尊重：尊いものとして重んじること。 **出例** 尊敬／本尊　❌ そんじゅう
つうかい	痛快：非常にゆかいなこと。胸がすくようで気持ちのよいこと。 **出例** 苦痛／痛感
れきほう	歴訪：次々といろいろな土地を訪ねること。 **出例** 訪問
ぜっちょう	絶頂：物事の最高のところ。山の頂上。いただき。 **出例** 頂上／山頂／頂点
えいぞう	映像：光の屈折や反射によって映し出された像。映画やテレビの画面に映し出された画像。**出例** 反映／放映
せいじつ	誠実：まじめで真心がこもっていること。
むね	胸：心。気持ち。 **豆**「胸をなでおろす」は、ほっと安心するの意
きず	傷：切ったり打ったりすることで体の表面がそこなわれること。欠点。物の表面に出来た欠けたりさけたりした所。**出例** 負傷／軽傷／重傷
あたたかい	暖かい：暑くも寒くもない、ちょうどいい気温のこと。 **出例** 暖める

読み

部首と部首名

画数

漢字と送りがな

音と訓

四字の熟語

対義語・類義語

熟語作り

熟語の構成

同じ読みの漢字

漢字

次の＿＿線の**漢字の読み**を**ひらがな**で書きなさい。

☑ **01** 鋼鉄のような固い意志を持つ。

☑ **02** 保護者の署名が必要である。

☑ **03** 肥満は心臓に負担をかける。

☑ **04** 参議院で、法案が否決される。

☑ **05** 協会に加盟することになる。

☑ **06** その仕事をしても一銭にもならない。

☑ **07** 恩師の忠告に逆らう。

☑ **08** 道は内陸部を通り東北に至る。

☑ **09** 友人の話は筋が通っている。

☑ **10** 兄は医者の卵だ。

解答 / 解説

読み
部首と部首名
画数
漢字と送りがな
音と訓
四字の熟語
対義語・類義語
熟語作り
熟語の構成
同じ読みの漢字
漢字

こうてつ
鋼鉄：焼ききたえた鉄。はがね。

しょめい
署名：自分の名前を書き記すこと。
出例 部署

しんぞう
心臓：血液じゅんかん系の中すう器官。
出例 臓器／内臓

ひけつ
否決：提出された議案を不適当とし、承認しないことを議決すること。
出例 賛否

かめい
加盟：国家・団体・個人などが同じ目的のために団体に加わること。
出例 連盟

いっせん
一銭：お金の単位。わずかなお金のこと。
出例 つり銭

ちゅうこく
忠告：真心をこめて相手のあやまちや欠点などを指摘し、直すように言うこと。また、その言葉。出例 忠言／忠実／忠誠

いたる
至る：いきつく。

すじ
筋：物事の道理。
出例 筋道／道筋／首筋／一筋縄

たまご
卵：鳥や魚などの子供のもととなるもの。また、卵に例えてまだ一人前になっていない人のことをいう。出例 卵焼き

115

次の＿＿線の**漢字の読み**を**ひらがな**で書きなさい。

☑ **01** 食べ過ぎたので胃腸薬を飲んだ。

☑ **02** 帰宅してすぐに手を洗う。

☑ **03** 創作活動に専念する。

☑ **04** 一般の人が宇宙へ行く日も近い。

☑ **05** 文化祭で悲劇のヒロインを演じた。

☑ **06** 姿勢を正して入室する。

☑ **07** 夜空を背景に星がきらめく。

☑ **08** お年玉を銀行に預ける。

☑ **09** 夏祭りで買った風船が割れた。

☑ **10** 洗たくしてトレーナーが縮む。

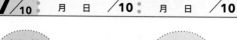
解 答　　解 説

いちょう	胃腸：消化器官の臓器。 出例　胃
きたく	帰宅：自分の家に帰ること。 出例　自宅／住宅
せんねん	専念：あることに心を集中すること。 出例　専門
うちゅう	宇宙：太陽系をふくむ、果てしなく広がる空間。 出例　宇宙船
ひげき	悲劇：主人公が困難な状況や立場に追い込まれるげき。痛ましい出来事。 出例　歌劇／劇画／劇場／演劇
しせい	姿勢：体の格好や構え。
はいけい	背景：中心となる物のうしろにある物。 出例　背泳／背筋
あずける	預ける：お金や身柄の保管や世話を他人に頼む。 出例　預かる
われた	割れる：外からの力が加わって、一つのものがくだけたりこわれたりする。 出例　割引／割る／役割／割引券
ちぢむ	縮む：小さくなる。短くなる。 出例　縮まる／縮める

読み　部首と部首名　画数　漢字と送りがな　音と訓　四字の熟語　対義語・類義語　熟語作り　熟語の構成　同じ読みの漢字　漢字

117

次の＿＿線の**漢字の読み**を**ひらがな**で書きなさい。

☑ **01** 災害にあった人を救済する。

☑ **02** 大統領が独立を宣言する。

☑ **03** 日本地図を一定の縮尺で描く。

☑ **04** 対戦する力士が土俵に上がる。

☑ **05** 取材班の一員として活動する。

☑ **06** 転倒して手首を骨折した。

☑ **07** 必要な資料を提供する。

☑ **08** 母は市役所に勤めている。

☑ **09** 背に腹はかえられない。

☑ **10** 短所を補う以上の長所がある。

解答　　解説

きゅうさい	救済：困っている人や苦しんでいる人を助けること。 出例 経済／経済学
せんげん	宣言：個人や団体などが、意見や方針を外部にわかるように表明すること。また、その内容。 出例 宣伝
しゅくしゃく	縮尺：地図などを縮小するときの一定の比率。また、その縮小率で地図などを描くこと。 出例 縮小／縮図／短縮
どひょう	土俵：すもうを行う場所。
はん	班：ある団体を一定の人数に組み分けたもの。グループ。 出例 班長
こっせつ	骨折：ほねがおれること。 出例 骨子／鉄骨／骨格
ていきょう	提供：役立つように相手にさしだすこと。
つとめて	勤める：役所や会社などにやとわれて働く。
せ	背：「背に腹はかえられない」は、さしせまった大事のためには、ほかのことはかまっていられないことのたとえ。 出例 背中／背泳ぎ／背広／背負う
おぎなう	補う：足りない部分を満たす。

右端縦: 読み｜部首と部首名｜画数｜漢字と送りがな｜音と訓｜四字の熟語｜対義語・類義語｜熟語作り｜熟語の構成｜同じ読みの漢字｜漢字

次の＿＿線の**漢字の読み**を**ひらがな**で書きなさい。

□ **01** 考えがまとまらず頭が<u>混乱</u>する。

□ **02** 家族全員で庭の<u>除草</u>をする。

□ **03** カップに<u>紅茶</u>をそそぐ。

□ **04** 選挙を前に<u>党首</u>討論会が行われる。

□ **05** <u>磁石</u>を使った実験を行う。

□ **06** 日光を鏡で<u>反射</u>させる。

□ **07** 正しい<u>敬語</u>の使い方を学ぶ。

□ **08** 新商品は人気を<u>呼</u>んだ。

□ **09** 遅刻した<u>訳</u>を先生に話す。

□ **10** 低い切り<u>株</u>の上に<u>腰</u>かける。

解　答	解　説
こんらん	混乱：いろいろな物事が入り乱れて、訳がわからなくなること。 **出例** 散乱／乱雑
じょそう	除草：雑草を取りのぞくこと。 **出例** 除夜／解除／除去／除幕
こうちゃ	紅茶：茶の若葉をつみとり、はっこうさせてかわかしたもの。 **出例** 紅潮／紅白
とうしゅ	党首：政党などの長のこと。 **出例** 政党
じしゃく	磁石：磁場を生じさせるもの。同じ強さのN極とS極の磁極をもつ。 **出例** 磁気／磁針／磁力／電磁石
はんしゃ	反射：光や音などが物にぶつかり、はね返ること。
けいご	敬語：話し手や書き手が、相手や話題の人物に対して敬意を表す言語表現。 **出例** 敬老／敬老会
よんだ	呼ぶ：よびよせる。よんで中に入れる。引き込む。
わけ	訳：理由。原因。 **出例** 内訳
かぶ	株：木を切ったあとに、残っている物。 **出例** 株分け

読み　部首と部首名　画数　漢字と送りがな　音と訓　四字の熟語　対義語類義語　熟語作り　熟語の構成　同じ読みの漢字　漢字

121

次の＿＿線の**漢字の読み**を**ひらがな**で書きなさい。

☑ **01** 学校の教育<u>方針</u>を確認する。

☑ **02** 投げた帽^{ぼう}子が<u>宙</u>を舞^まう。

☑ **03** <u>車窓</u>から風が吹^ふき込^こむ。

☑ **04** 交通安全の<u>冊子</u>が配られた。

☑ **05** 兄は通学<u>定期券</u>で学校へ行く。

☑ **06** 新入部員として<u>自己</u>紹介^{しょうかい}する。

☑ **07** 寺の<u>石段</u>を一気に駆^かけ上がる。

☑ **08** 夕食前に宿題を<u>済</u>ます。

☑ **09** 生活リズムが<u>乱</u>れてきた。

☑ **10** 会長が会員内のもめごとを<u>裁</u>く。

解 答	解 説

ほうしん
> 方針：物事や計画を実行するときの方向や考え方。
> 出例 針葉樹

ちゅう
> 宙：空中。
> 出例 宙返り

しゃそう
> 車窓：列車や自動車などの窓。
> 出例 出窓

さっし
> 冊子：印刷物をとじたもののこと。
> 出例 別冊

ていきけん
> 定期券：電車やバスなどの指定区間内を期間中何回でも乗り降りできる乗車券。
> 出例 券／食券

じこ
> 自己：自分自身。
> 出例 利己

いしだん
> 石段：石でできた階段。
> 出例 段落／階段／手段

すます
> 済ます：終わらせる。片づける。
> 出例 済む

みだれて
> 乱れる：めちゃくちゃになる。きちんとしなくなる。
> 出例 乱す ✕やぶ

さばく
> 裁く：物事の良い悪いを決める。

部首と部首名①

次の漢字の**部首**と**部首名**を後の□の中から選び、**記号**で答えなさい。

☑ 01 郷

☑ 02 割

☑ 03 筋

☑ 04 幕

☑ 05 忘

☑ 06 宣

☑ 07 誌

☑ 08 賃

☑ 09 届

☑ 10 枚

部首

あ 尸
い 阝
う 心
え 竹
お 巾
か 木
き 言
く 刂
け 貝
こ 宀

部首名

ア りっとう
イ たけかんむり
ウ ごんべん
エ うかんむり
オ おおざと
カ はば
キ こころ
ク かばね・
　しかばね
ケ きへん
コ かい・こがい

解　答		解　説
い・オ	阝 おおざと	出例 郵もよく出る
く・ア	刂 りっとう	出例 劇／刻／創もよく出る
え・イ	竹 たけかんむり	出例 簡／策もよく出る
お・カ	巾 はば	
う・キ	心 こころ	出例 憲／忠もよく出る
こ・エ	宀 うかんむり	出例 宇／宗／宅もよく出る
き・ウ	言 ごんべん	出例 詞／諸／誠もよく出る
け・コ	貝 かい 　 こがい	出例 貴もよく出る
あ・ク	尸 かばね 　 しかばね	出例 層／展もよく出る
か・ケ	木 きへん	出例 机／樹／模もよく出る

部首と部首名②

次の漢字の**部首**と**部首名**を後の□の中から選び、**記号**で答えなさい。

☑ **01** 宗

☑ **02** 臓

☑ **03** 冊

☑ **04** 郵

☑ **05** 欲

☑ **06** 退

☑ **07** 認

☑ **08** 激

☑ **09** 担

☑ **10** 縮

部首	
あ	氵
い	扌
う	月
え	言
お	宀
か	冂
き	欠
く	辶
け	糸
こ	阝

部首名
ア さんずい
イ うかんむり
ウ おおざと
エ どうがまえ・けいがまえ・まきがまえ
オ あくび・かける
カ いとへん
キ ごんべん
ク てへん
ケ しんにょう・しんにゅう
コ にくづき

解 答	解 説
お・イ　宀 うかんむり	出例 宇/宣/宅もよく出る
う・コ　月 にくづき	出例 胸/脳/肺/腹もよく出る
か・エ　冂 どうがまえ けいがまえ まきがまえ	
こ・ウ　阝 おおざと	出例 郷もよく出る
き・オ　欠 あくび かける	
く・ケ　⻍ しんにょう しんにゅう	
え・キ　言 ごんべん	出例 誠/誕もよく出る
あ・ア　氵 さんずい	出例 沿/済/洗/潮もよく出る
い・ク　扌 てへん	出例 拡/揮/捨もよく出る
け・カ　糸 いとへん	出例 絹/紅もよく出る

縦の索引（右側）：読み / 部首と部首名 / 画数 / 漢字と送りがな / 音と訓 / 四字の熟語 / 対義語・類義語 / 熟語作り / 熟語の構成 / 同じ読みの漢字 / 漢字

次の漢字の**赤い画**のところは**筆順の何画目**か、また**総画数は何画**か、算用数字（1、2、3…）で答えなさい。

☑ **01** 推

☑ **02** 郷

☑ **03** 衆

☑ **04** 訳

☑ **05** 革

☑ **06** 善

☑ **07** 憲

☑ **08** 垂

☑ **09** 卵

☑ **10** 遺

解答 / 解説

何画目	総画数	
8	11	1 2 3 4 5 6 7 8 9 10 11 推推推推推推推推推推推 7画目の順番に注意
4	11	1 2 3 4 5 6 7 8 9 10 11 郷郷郷郷郷郷郷郷郷郷郷 3画目と11画目の順番に注意
8	12	1 2 3 4 5 6 7 8 9 10 11 12 衆衆衆衆衆衆衆衆衆衆衆衆 11画目と7画目の順番に注意
8	11	1 2 3 4 5 6 7 8 9 10 11 訳訳訳訳訳訳訳訳訳訳訳 10画目の順番に注意
3	9	1 2 3 4 5 6 7 8 9 革革革革革革革革革 8画目の順番に注意
6	12	1 2 3 4 5 6 7 8 9 10 11 12 善善善善善善善善善善善善 9画目の順番に注意
5	16	1 2 3 4 5 6 7 8 9 10 12 13 15 16 憲憲憲憲憲憲憲憲憲憲憲憲
6	8	1 2 3 4 5 6 7 8 垂垂垂垂垂垂垂垂 3画目の順番に注意
6	7	1 2 3 4 5 6 7 卵卵卵卵卵卵卵 2画目と3画目の順番に注意
4	15	1 2 3 4 5 6 7 8 10 12 13 14 15 遺遺遺遺遺遺遺遺遺遺遺遺 13画目の順番に注意

読み / 部首と部首名 / 画数 / 漢字と送りがな / 音と訓 / 四字の熟語 / 対義語・類義語 / 熟語作り / 熟語の構成 / 同じ読みの漢字 / 漢字

次の漢字の赤い画のところは筆順の何画目か、また総画数は何画か、算用数字（1、2、3…）で答えなさい。

☑ 01 延

☑ 02 蔵

☑ 03 派

☑ 04 装

☑ 05 覧

☑ 06 孝

☑ 07 誤

☑ 08 障

☑ 09 臨

☑ 10 貴

解答 | 解説

読み

部首と部首名

画数

漢字と送りがな

音と訓

四字の熟語

対義語・類義語

熟語作り

熟語の構成

同じ読みの漢字

漢字

何画目	総画数	
2	8	1 2 3 4 5 6 7 8 延延延延延延延延 3画目と5画目の順番に注意
13	15	1 2 3 4 5 6 7 8 9 10 11 12 13 14 15 蔵蔵蔵蔵蔵蔵蔵蔵蔵蔵蔵蔵蔵蔵蔵 4画目と14画目の順番に注意
6	9	1 2 3 4 5 6 7 8 9 派派派派派派派派派 5画目の順番に注意
3	12	1 2 3 4 5 6 7 8 9 10 11 12 装装装装装装装装装装装装 1画目の順番に注意
2	17	1 2 3 4 5 6 7 8 9 11 12 13 14 16 17 覧覧覧覧覧覧覧覧覧覧覧覧 1画目の順番に注意
4	7	1 2 3 4 5 6 7 孝孝孝孝孝孝孝 2画目の順番に注意
12	14	1 2 3 4 5 6 7 8 9 10 11 12 13 14 誤誤誤誤誤誤誤誤誤誤誤誤誤誤 11画目の順番に注意
8	14	1 2 3 4 5 6 7 8 9 10 11 12 13 14 障障障障障障障障障障障障障障 9画目の順番に注意
2	18	1 2 3 4 5 6 7 8 9 11 13 14 16 17 18 臨臨臨臨臨臨臨臨臨臨臨臨
5	12	1 2 3 4 5 6 7 8 9 10 11 12 貴貴貴貴貴貴貴貴貴貴貴貴 4画目の順番に注意

漢字と送りがな①

次の＿＿＿線の**カタカナ**を**漢字一字**と**送りがな**（**ひらがな**）に直せ。　質問に<u>コタエル</u>。 答える

☑ **01** 贈り物を家まで<u>トドケル</u>。
<small>おく</small>

☑ **02** 母が兄弟げんかを<u>サバク</u>。

☑ **03** 家族の健康を願って神社で<u>オガム</u>。

☑ **04** 仏だんに故人の好物を<u>ソナエル</u>。

☑ **05** 日が<u>クレル</u>と辺りは真っ暗だ。

☑ **06** 食べ終わった食器を<u>アラウ</u>。

☑ **07** 重要でない議題を<u>ノゾク</u>。

☑ **08** <u>コマル</u>ことがないよう準備する。

☑ **09** 好きな曲で歌い<u>オサメル</u>。

☑ **10** 朝からずっと頭が<u>イタイ</u>。

解　答	解　説
届ける	届ける：物をもっていく。 **出例** 届く　**豆**「届」の音読みは常用漢字表の中にはない
裁く	裁く：物事の良い悪いを決める。
拝む	拝む：両手をあわせ、頭を下げていのる。
供える	供える：神仏に物をさしあげる。 **✕** 備える
暮れる	暮れる：太陽がしずんで暗くなる。 **豆** 音読み「ボ」は中学校で学習し、5級出題範囲外になる
洗う	洗う：汚れを水や洗剤などでおとす。
除く	除く：加えない。省く。
困る	困る：どうしてよいかわからず、苦しむ。
納める	納める：終わりにする。 **✕** 収める
痛い	痛い：いたみを感じる。苦しくつらい。 **出例** 痛む

読み　部首と部首名　画数　漢字と送りがな　音と訓　四字の熟語　対義語・類義語　熟語作り　熟語の構成　同じ読みの漢字　漢字

音と訓①

漢字の読みには**音**と**訓**があります。次の**熟語の読み**は□の中のどの組み合わせになっていますか。ア〜エの記号で答えなさい。

☑ **01** 札束

☑ **02** 残高

☑ **03** 石段

☑ **04** 布地

☑ **05** 宗教

☑ **06** 裏庭

☑ **07** 割引

☑ **08** 新顔

☑ **09** 手製

☑ **10** 職場

ア	音と音
イ	音と訓
ウ	訓と訓
エ	訓と音

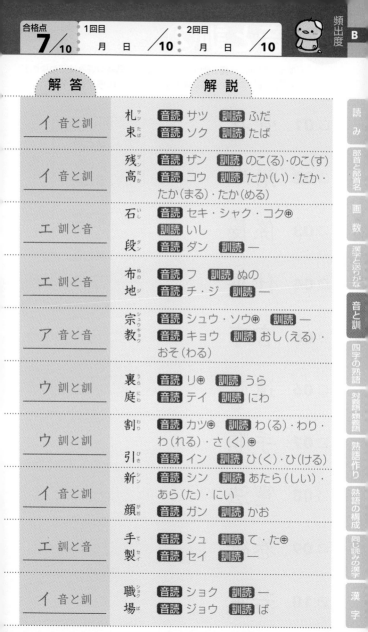

解答 / 解説

解答	解説
イ 音と訓	札_{サツ} 音読 サツ 訓読 ふだ 束_{たば} 音読 ソク 訓読 たば
イ 音と訓	残_{ザン} 音読 ザン 訓読 のこ(る)・のこ(す) 高_{たか} 音読 コウ 訓読 たか(い)・たか・たか(まる)・たか(める)
エ 訓と音	石_{いし} 音読 セキ・シャク・コク⊕ 訓読 いし 段_{ダン} 音読 ダン 訓読 —
エ 訓と音	布_{ぬの} 音読 フ 訓読 ぬの 地_ジ 音読 チ・ジ 訓読 —
ア 音と音	宗_{シュウ} 音読 シュウ・ソウ⊕ 訓読 — 教_{キョウ} 音読 キョウ 訓読 おし(える)・おそ(わる)
ウ 訓と訓	裏_{うら} 音読 リ⊕ 訓読 うら 庭_{にわ} 音読 テイ 訓読 にわ
ウ 訓と訓	割_{わり} 音読 カツ⊕ 訓読 わ(る)・わり・わ(れる)・さ(く)⊕ 引_び 音読 イン 訓読 ひ(く)・ひ(ける)
イ 音と訓	新_{シン} 音読 シン 訓読 あたら(しい)・あら(た)・にい 顔_{がお} 音読 ガン 訓読 かお
エ 訓と音	手_て 音読 シュ 訓読 て・た⊕ 製_{セイ} 音読 セイ 訓読 —
イ 音と訓	職_{ショク} 音読 ショク 訓読 — 場_ば 音読 ジョウ 訓読 ば

音と訓②

漢字の読みには**音**と**訓**があります。次の**熟語の読み**は□の中のどの組み合わせになっていますか。ア～エの記号で答えなさい。

☑ **01** 骨身

☑ **02** 沿岸

☑ **03** 係長

☑ **04** 仕事

☑ **05** 官庁

☑ **06** 遺産

☑ **07** 手順

☑ **08** 憲法

☑ **09** 巻紙

☑ **10** 若葉

ア	音と音
イ	音と訓
ウ	訓と訓
エ	訓と音

解 答	解 説	
ウ 訓と訓	骨_{ほね}	音読 コツ　訓読 ほね
	身_み	音読 シン　訓読 み
ア 音と音	沿_{エン}	音読 エン　訓読 そ(う)
	岸_{ガン}	音読 ガン　訓読 きし
エ 訓と音	係_{かかり}	音読 ケイ　訓読 かか(る)・かかり
	長_{チョウ}	音読 チョウ　訓読 なが(い)
イ 音と訓	仕_シ	音読 シ・ジ⊕　訓読 つか(える)
	事_{こと}	音読 ジ・ズ⊛　訓読 こと
ア 音と音	官_{カン}	音読 カン　訓読 ―
	庁_{チョウ}	音読 チョウ　訓読 ―
ア 音と音	遺_イ	音読 イ・ユイ⊕　訓読 ―
	産_{サン}	音読 サン　訓読 う(む)・う(まれる)・うぶ⊛
エ 訓と音	手_て	音読 シュ　訓読 て・た⊕
	順_{ジュン}	音読 ジュン　訓読 ―
ア 音と音	憲_{ケン}	音読 ケン　訓読 ―
	法_{ホウ}	音読 ホウ・ハッ⊛・ホッ⊛　訓読 ―
ウ 訓と訓	巻_{まき}	音読 カン　訓読 ま(く)・まき
	紙_{がみ}	音読 シ　訓読 かみ
ウ 訓と訓	若_{わか}	音読 ジャク⊕・ニャク⊛　訓読 わか(い)・も(しくは)⊛
	葉_ば	音読 ヨウ　訓読 は

読み / 部首と部首名 / 画数 / 漢字と送りがな / 音と訓 / 四字の熟語 / 対義語・類義語 / 熟語作り / 熟語の構成 / 同じ読みの漢字 / 漢字

音と訓③

漢字の読みには**音**と**訓**があります。次の**熟語の読み**は□の中のどの組み合わせになっていますか。ア〜エの**記号**で答えなさい。

☑ **01** 創造

☑ **02** 茶柱

☑ **03** 布製

☑ **04** 回覧

ア	音と音
イ	音と訓
ウ	訓と訓
エ	訓と音

☑ **05** 係員

☑ **06** 看護

☑ **07** 団子

☑ **08** 砂場

☑ **09** 批評

☑ **10** 相棒

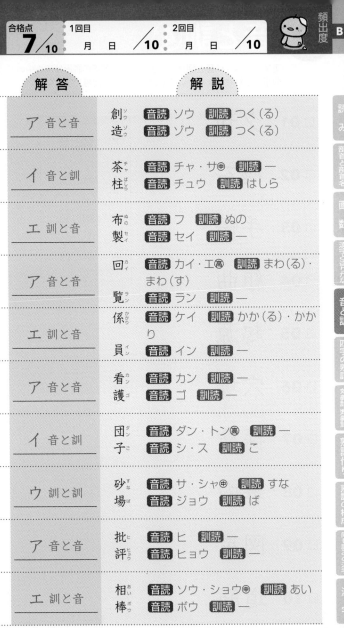

解答		解説
ア 音と音	創 ソウ 造 ゾウ	創 音読 ソウ 訓読 つく（る） 造 音読 ゾウ 訓読 つく（る）
イ 音と訓	茶 チャ 柱 ばしら	茶 音読 チャ・サ⊕ 訓読 ― 柱 音読 チュウ 訓読 はしら
エ 訓と音	布 ぬの 製 セイ	布 音読 フ 訓読 ぬの 製 音読 セイ 訓読 ―
ア 音と音	回 カイ 覧 ラン	回 音読 カイ・エ⊛ 訓読 まわ（る）・まわ（す） 覧 音読 ラン 訓読 ―
エ 訓と音	係 かかり 員 イン	係 音読 ケイ 訓読 かか（る）・かかり 員 音読 イン 訓読 ―
ア 音と音	看 カン 護 ゴ	看 音読 カン 訓読 ― 護 音読 ゴ 訓読 ―
イ 音と訓	団 ダン 子 こ	団 音読 ダン・トン⊛ 訓読 ― 子 音読 シ・ス 訓読 こ
ウ 訓と訓	砂 すな 場 ば	砂 音読 サ・シャ⊕ 訓読 すな 場 音読 ジョウ 訓読 ば
ア 音と音	批 ヒ 評 ヒョウ	批 音読 ヒ 訓読 ― 評 音読 ヒョウ 訓読 ―
エ 訓と音	相 あい 棒 ボウ	相 音読 ソウ・ショウ⊕ 訓読 あい 棒 音読 ボウ 訓読 ―

読み　部首と部首名　画数　漢字と送りがな　音と訓　四字の熟語　対義語・類義語　熟語作り　熟語の構成　同じ読みの漢字　漢字

音と訓④

漢字の読みには**音**と**訓**があります。次の**熟語の読み**は□の中のどの組み合わせになっていますか。ア～エの**記号**で答えなさい。

☑ **01** 夕刊

☑ **02** 磁石

☑ **03** 手帳

☑ **04** 組曲

☑ **05** 起源

☑ **06** 穴場

☑ **07** 探検

☑ **08** 幕内

☑ **09** 図星

☑ **10** 道筋

ア	音と音
イ	音と訓
ウ	訓と訓
エ	訓と音

解 答	解 説
エ 訓と音	夕_{ゆう} **音読** セキ⊕ **訓読** ゆう 刊_{カン} **音読** カン **訓読** ―
ア 音と音	磁_ジ **音読** ジ **訓読** ― 石_{シャク} **音読** セキ・シャク・コク⊕ **訓読** いし
エ 訓と音	手_て **音読** シュ **訓読** て・た⊕ 帳_{チョウ} **音読** チョウ **訓読** ―
エ 訓と音	組_く_み **音読** ソ **訓読** く(む)・くみ 曲_{キョク} **音読** キョク **訓読** ま(がる)・ま(げる)
ア 音と音	起_キ **音読** キ **訓読** お(きる)・お(こる)・お(こす) 源_{ゲン} **音読** ゲン **訓読** みなもと
ウ 訓と訓	穴_{あな} **音読** ケツ⊕ **訓読** あな 場_ば **音読** ジョウ **訓読** ば
ア 音と音	探_{タン} **音読** タン **訓読** さぐ(る)⊕・さが(す) 検_{ケン} **音読** ケン **訓読** ―
イ 音と訓	幕_{マク} **音読** マク・バク **訓読** ― 内_{うち} **音読** ナイ・ダイ⊕ **訓読** うち
イ 音と訓	図_ズ **音読** ズ・ト **訓読** はか(る)⊕ 星_{ぼし} **音読** セイ・ショウ⊕ **訓読** ほし
ウ 訓と訓	道_{みち} **音読** ドウ・トウ⊛ **訓読** みち 筋_{すじ} **音読** キン **訓読** すじ

読み　部首と部首名　画数　漢字と送りがな　音と訓　四字の熟語　対義語・類義語　熟語作り　熟語の構成　同じ読みの漢字　漢字

141

四字の熟語①

次の**カタカナ**を漢字になおし、**一字だけ**答えなさい。

☑ **01** 私利私ヨク

☑ **02** 天然資ゲン

☑ **03** ユウ便配達

☑ **04** 政トウ政治

☑ **05** 大同小イ

☑ **06** 賛否両ロン

☑ **07** 絶体絶メイ

☑ **08** 天変地イ

☑ **09** 油断大テキ

☑ **10** 酸素キュウ入

解答　　　　　解説

| 読み | 部首と部首名 | 画数 | 漢字と送りがな | 音と訓 | 四字の熟語 | 対義語・類義語 | 熟語作り | 熟語の構成 | 同じ読みの漢字 | 漢字 |

私利私欲（しりしよく）

自分だけが得をしようと考えるよくばりな心。

天然資源（てんねんしげん）

自然にできるもので、人間生活の役にたつもの。
出例 水産資源／森林資源（すいさんしげん／しんりんしげん）

郵便配達（ゆうびんはいたつ）

ゆう便物をくばりとどけること。
出例 郵便切手（ゆうびんきって）

政党政治（せいとうせいじ）

議席を多くとった政とうが中心になっておこなわれる政治。

大同小異（だいどうしょうい）

細かい部分に違い（ちがい）はあるが、だいたいは同じであること。

賛否両論（さんびりょうろん）

賛成と反対の両方の意見があること。
出例 「否」（ひ）も問われる

絶体絶命（ぜったいぜつめい）

追いつめられて、のがれられないこと。
✗ 絶対絶命

天変地異（てんぺんちい）

地しん、つなみ、こうずいなど、自然界の大きない変。

油断大敵（ゆだんたいてき）

気をゆるめると失敗するので、油断してはいけないということ。
出例 「断」（だん）も問われる

酸素吸入（さんそきゅうにゅう）

息が苦しいときなどに、酸素をすわせること。
出例 消化吸収（しょうかきゅうしゅう）

四字の熟語②

次の**カタカナ**を漢字になおし、**一字だけ**答えなさい。

☐ 01 **イ**ロ同音

☐ 02 教育改**カク**

☐ 03 公**シ**混同

☐ 04 **タク**地造成

☐ 05 地**イキ**社会

☐ 06 天地**ソウ**造

☐ 07 条件反**シャ**

☐ 08 速達**ユウ**便

☐ 09 景気対**サク**

☐ 10 雨天順**エン**

解答　　　　　　解説

読み

部首と部首名

画数

漢字と送りがな

音と訓

四字の熟語

対義語・類義語

熟語作り

熟語の構成

同じ読みの漢字

漢字

異口同音	多くの人が、口をそろえて同じことをいうこと。
教育改革	教育に関する制度や教育のあり方を大きくあらためること。
公私混同	職業上のことと、個人的なことをきちんと区別しないこと。 出例 公平無私
宅地造成	山をきりひらくなど自然に手をくわえ、住むための用地にすること。 出例 集合住宅／住宅建設
地域社会	ある一定の区切られたところに成立している人びとの集まり。 出例 工業地域
天地創造	宇宙・万物がいかにできあがったかをものがたる神話。
条件反射	ある条件をあたえられるとおこる、反しゃ運動のこと。
速達郵便	ふつうよりも速くとどけるゆう便。
景気対策	経済を望ましい状況にするための対さく。
雨天順延	予定した日に雨がふった場合、期日を順に先にのばすこと。 出例 期間延長

四字の熟語③

次の**カタカナ**を漢字になおし、**一字だけ**答えなさい。

☑ **01** 国際親**ゼン**

☑ **02** **ジョウ**気機関

☑ **03** 独立**セン**言

☑ **04** 暴風**ケイ**報

☑ **05** **リン**時休業

☑ **06** 単**ジュン**明快

☑ **07** 質**ギ**応答

☑ **08** 一進一**タイ**

☑ **09** 栄養**ホ**給

☑ **10** 人**ケン**尊重

解 答	解 説

国際親善（こくさいしんぜん）

国同士が仲良くすること。
出例 親善試合（しんぜんじあい）

蒸気機関（じょうききかん）

じょう気の力を利用して機械などをうごかす仕組み。

独立宣言（どくりつせんげん）

その国が独立国家となったことを、世界各国に知らせること。

暴風警報（ぼうふうけいほう）

大きな災害が予想される激しい風のときに出される注意をうながす知らせ。

臨時休業（りんじきゅうぎょう）

定休日以外で、必要に応じて商売をやすむこと。

単純明快（たんじゅんめいかい）

内容などが、はっきりしていてわかりやすいこと。

質疑応答（しつぎおうとう）

質問とそれに対する答え。

一進一退（いっしんいったい）

進んだり、あともどりしたりすること。

栄養補給（えいようほきゅう）

足りない栄養をおぎなうこと。
出例 補欠選挙（ほけつせんきょ）

人権尊重（じんけんそんちょう）

人が生まれたときからもっている自由・平等・生存などのけん利を尊重すること。
出例 三権分立（さんけんぶんりつ）／地方分権（ちほうぶんけん）／「尊」（そん）も問われる

四字の熟語④

次の**カタカナ**を漢字になおし、**一字だけ**答えなさい。

☐ **01** **ザ**席指定

☐ **02** 自画自**サン**

☐ **03** 自**キュウ**自足

☐ **04** 首**ノウ**会談

☐ **05** 信号無**シ**

☐ **06** 心**キ**一転

☐ **07** 生**ゾン**競争

☐ **08** **セン**門用語

☐ **09** 社会保**ショウ**

☐ **10** 問題**ショ**理

解 答	解 説

座席指定
すわる席が決められていること。

自画自賛
自分で自分のしたことをほめること。

自給自足
生活に必要な物を自分でつくって間に合わせること。

首脳会談
国の最高責任者が他国の最高責任者と話し合いを行うこと。

信号無視
信号に反して進むこと。

心機一転
あることをきっかけに気持ちがすっかりかわること。
出例 「転」も問われる

生存競争
生物が生きていくために、たがいに争うこと。

専門用語
限られた分野で使われる語句のこと。

社会保障
はたらく人が、病気・失業・けがなどで、生活の苦しいときに、国が世話すること。
出例 胃腸障害／安全保障

問題処理
問題の始末をつけていくこと。

四字の熟語⑤

次の**カタカナ**を漢字になおし、**一字だけ**答えなさい。

☑ 01 一挙両**トク**

☑ 02 完全無**ケツ**

☑ 03 玉石**コン**交

☑ 04 言語道**ダン**

☑ 05 国民主**ケン**

☑ 06 首**ノウ**会議

☑ 07 **タン**刀直入

☑ 08 **ヒ**密文書

☑ 09 自**コ**満足

☑ 10 空前**ゼツ**後

解 答	解 説
一挙両得 （いっきょりょうとく）	一つのことで同時に二つの利益をえること。 出例 「挙」も問われる
完全無欠 （かんぜんむけつ）	完全でまったくけっ点がないこと。 出例 「完」も問われる
玉石混交 （ぎょくせきこんこう）	良いものと悪いものがまじりあっていること。
言語道断 （ごんごどうだん）	言葉も出ないほど、ひどいこと。
国民主権 （こくみんしゅけん）	主けんが国民にあるということ。
首脳会議 （しゅのうかいぎ）	組織などの最高責任者が参加する会議。
単刀直入 （たんとうちょくにゅう）	前置きなく、いきなり大切な中心の話に入ること。
秘密文書 （ひみつぶんしょ）	かくして人に知らせない、文に書き表したもの。 出例 「密」も問われる
自己満足 （じこまんぞく）	自分の行いなどに、ひとりで満足すること。 出例 自己主張／自己反省
空前絶後 （くうぜんぜつご）	今までに例がなく、今後もないだろうと思われる、ごくまれなこと。

読み｜部首と部首名｜画数｜漢字と送りがな｜音と訓｜四字の熟語｜対義語・類義語｜熟語作り｜熟語の構成｜同じ読みの漢字｜漢字

対義語・類義語①

右の□内のひらがなを一度だけ使い、漢字**一字**に
直して□に入れ、**対義語・類義語**を作りなさい。

対義語

☑ **01** 過去 ↔ □来

☑ **02** 悪意 ↔ □意

☑ **03** 入場 ↔ □場

☑ **04** 安全 ↔ □険

☑ **05** 複雑 ↔ □単

類義語

☑ **06** 家屋 ＝ 住□

☑ **07** 感動 ＝ 感□

☑ **08** 保管 ＝ 保□

☑ **09** 任務 ＝ 役□

☑ **10** 反対 ＝ □議

い
かん
き
げき
しょう
ぜん
ぞん
たい
たく
わり

解 答	解 説
将来 しょうらい	**過去**：すぎさったとき。 **将来**：これから先。
善意 ぜん い	**悪意**：意地の悪い心。 **善意**：人のためになるようにと思う気持ち。
退場 たいじょう	**入場**：会場などにはいること。 **退場**：会場などから出て行くこと。
危険 き けん	**安全**：あぶなくない様子。 **危険**：あぶないこと。安全でないこと。
簡単 かんたん	**複雑**：こみいっていること。 **簡単**：単純でおおざっぱなこと。
住宅 じゅうたく	**家屋**：人がすむための建物。 **住宅**：人のすむ家。 出例 住居 = 住宅
感激 かんげき	**感動**：心を強く動かされること。 **感激**：心に強く感じ、はげしく動かされること。
保存 ほ ぞん	**保管**：人の物をあずかりしまっておくこと。 **保存**：いつまでもそのままの状態をたもち、とっておくこと。
役割 やくわり	**任務**：務め。役目。仕事。 **役割**：仕事などをわりあてること。そのわりあてられた役目。出例 役目 = 役割
異議 い ぎ	**反対**：逆。逆らうこと。 **異議**：ちがう考えや反対意見。 出例 不服 = 異議

対義語・類義語②

右の□内のひらがなを一度だけ使い、漢字**一字**に直して□に入れ、**対義語・類義語**を作りなさい。

対義語

☑ **01** 目的 ↔ 手□

☑ **02** 短縮 ↔ □長

☑ **03** 横糸 ↔ □糸

☑ **04** 散在 ↔ □集

☑ **05** 尊重 ↔ 無□

類義語

☑ **06** 開演 = 開□

☑ **07** 同意 = □知

☑ **08** 指図 = 指□

☑ **09** 大木 = 大□

☑ **10** 討議 = 討□

えん

き

し

じゅ

しょう

たて

だん

まく

みっ

ろん

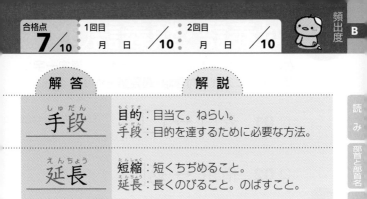

解　答	解　説
手段 しゅだん	**目的**：目当て。ねらい。 **手段**：目的を達するために必要な方法。
延長 えんちょう	**短縮**：短くちぢめること。 **延長**：長くのびること。のばすこと。
縦糸 たていと	**横糸**：織物、ぬい物の横方向の糸。 **縦糸**：織物、ぬい物のたて方向の糸。
密集 みっしゅう	**散在**：あちこちにちらばってあること。 **密集**：すきまなく、ぎっしりとたくさんあつまること。
無視 むし	**尊重**：とうといものとしておもんじること。 **無視**：実際にあってもないようにあつかうこと。問題にしないこと。
開幕 かいまく	**開演**：演劇、演奏などが始まること。 **開幕**：舞台のまくを開けること。始めること。
承知 しょうち	**同意**：他の人の意見などを良しとすること。同じ意見。同じ意味。 **承知**：相手の要求や依頼を聞き入れること。
指揮 しき	**指図**：人にいいつけてさせること。 **指揮**：指図して人びとをまとめ動かすこと。
大樹 たいじゅ	**大木**：大きな木。 **大樹**：大きな木。
討論 とうろん	**討議**：ある事柄の結論を出すために意見を述べ合うこと。 **討論**：ある事柄について、意見を出し合って議論をたたかわせること。

読み
部首と部首名
画数
漢字と送りがな
音と訓
四字の熟語
対義語・類義語
熟語作り
熟語の構成
同じ読みの漢字
漢字

対義語・類義語③

右の□内のひらがなを一度だけ使い、漢字**一字**に直して□に入れ、**対義語・類義語**を作りなさい。

対義語

☑ **01** 表門 ↔ □門

☑ **02** 借用 ↔ 返□

☑ **03** 発散 ↔ □収

☑ **04** 退職 ↔ □職

☑ **05** 両方 ↔ □方

類義語

☑ **06** 出生 ＝ □生

☑ **07** 大切 ＝ □重

☑ **08** 貯金 ＝ □金

☑ **09** 質問 ＝ 質□

☑ **10** 外国 ＝ □国

い
うら
かた
き
ぎ
きゅう
さい
しゅう
たん
よ

解答	解説
<ruby>裏門<rt>うらもん</rt></ruby>	**表門**：建物の正面にある門。 **裏門**：正面でないほうの門。
<ruby>返済<rt>へんさい</rt></ruby>	**借用**：借りて使うこと。 **返済**：借りた金や物をかえすこと。
<ruby>吸収<rt>きゅうしゅう</rt></ruby>	**発散**：光、熱、水分、においなどが、まわりじゅうにとびちること。 **吸収**：すいとること。
<ruby>就職<rt>しゅうしょく</rt></ruby>	**退職**：職をしりぞくこと。仕事をやめること。 **就職**：職業につくこと。
<ruby>片方<rt>かたほう</rt></ruby>	**両方**：二つとも。 **片方**：二つある物のうちの一方。
<ruby>誕生<rt>たんじょう</rt></ruby>	**出生**：生まれること。 **誕生**：人が生まれること。物が新しくできること。
<ruby>貴重<rt>きちょう</rt></ruby>	**大切**：大事。重要である様子。 **貴重**：非常に大切なこと。
<ruby>預金<rt>よきん</rt></ruby>	**貯金**：お金をためること。 **預金**：お金を銀行などにあずけること。
<ruby>質疑<rt>しつぎ</rt></ruby>	**質問**：わからないことなどをたずねること。 **質疑**：わからないことを問い正すこと。
<ruby>異国<rt>いこく</rt></ruby>	**外国**：よその国。 **異国**：よその国。

読み ｜ 部首と部首名 ｜ 画数 ｜ 漢字と送りがな ｜ 音と訓 ｜ 四字の熟語 ｜ 対義語・類義語 ｜ 熟語作り ｜ 熟語の構成 ｜ 同じ読みの漢字 ｜ 漢字

対義語・類義語④

右の□内のひらがなを一度だけ使い、漢字**一字**に直して□に入れ、**対義語・類義語**を作りなさい。

対義語

☑ 01 支出 ↔ □入

☑ 02 前進 ↔ 後□

☑ 03 横断 ↔ □断

☑ 04 可決 ↔ □決

☑ 05 満潮 ↔ □潮

類義語

☑ 06 重荷 = 負□

☑ 07 手段 = 方□

☑ 08 改良 = 改□

☑ 09 明日 = □日

☑ 10 感心 = □服

かん
けい
さく
しゅう
じゅう
ぜん
たい
たん
ひ
よく

解答	解説

しゅうにゅう **収入**	支出：お金をはらうこと。 収入：お金が入ること。またはそのお金。
こうたい **後退**	前進：前にすすむこと。 後退：後ろに下がること。
じゅうだん **縦断**	横断：横切ること。横または東西の方向に とおりぬけること。 縦断：たてまたは南北の方向に通りぬけること。
ひけつ **否決**	可決：議案を良いとみとめ、きめること。 否決：会議などに出た案を、相談の結果み とめないときめること。
かんちょう **干潮**	満潮：満ち潮。 干潮：引き潮。
ふたん **負担**	重荷：重すぎる責任や荷物。 負担：重すぎる責任や仕事。
ほうさく **方策**	手段：目的を達するために必要な方法。 方策：やり方。手だて。 出例 方法＝方策
かいぜん **改善**	改良：悪いところを直して良くすること。 改善：悪いところを直して良くすること。
よくじつ **翌日**	明日：今日の次の日。 翌日：その日の次の日。あくる日。
けいふく **敬服**	感心：立派だ、すばらしいなどと心に深く かんじること。 敬服：感心して、心からうやまうこと。

読み ｜ 部首と部首名 ｜ 画数 ｜ 漢字と送りがな ｜ 音と訓 ｜ 四字の熟語 ｜ 対義語・類義語 ｜ 熟語作り ｜ 熟語の構成 ｜ 同じ読みの漢字 ｜ 漢字

熟語作り①

右の□の中から漢字を選んで、**01～05**の意味にあてはまる**熟語**を作り、**記号**で答えなさい（**06～10**も同様）。

☑ **01**　感情がたかぶること。

☑ **02**　事実とは異なった知らせ。

☑ **03**　ずたずたにたち切ること。

☑ **04**　よしあしを見分けて考えを言うこと。

☑ **05**　仕事や責任を引き受けること。

ア 断	カ 誤
イ 報	キ 評
ウ 担	ク 批
エ 寸	ケ 奮
オ 負	コ 興

☑ **06**　仕事につくこと。

☑ **07**　人の力では考えられないふしぎ。

☑ **08**　作物や果物が十分にうれていないこと。

☑ **09**　おしはかって決めること。

☑ **10**　同じ学校、また同じ先生に学んだこと。

ア 未	カ 職
イ 窓	キ 秘
ウ 就	ク 推
エ 同	ケ 神
オ 熟	コ 定

解答 / 解説

コ	ケ	
		興 おこす。さかんにする。
		奮 ふるいたたせる。元気をだす。

カ	イ	
		誤 まちがえる。あやまり。
		報 知らせ。むくいる。

エ	ア	
		寸 長さの単位。わずか。短い。
		断 たちきる。ことわる。はっきり決める。

ク	キ	
		批 物事の良い悪いを決める。
		評 よしあしを考えて決める。世間のうわさ。

オ	ウ	
		負 せおう。まける。0より小さい数。
		担 かつぐ。になう。うけもつ。ひきうける。

ウ	カ	
		就 仕事や役目につく。なしとげる。
		職 役目や任務。仕事。

ケ	キ	
		神 かみ。人の力のおよばない。たましい。
		秘 かくす。人知のおよばない。通じない。

ア	オ	
		未 まだ〜していない。まだ〜でない。
		熟 果実などがうれる。十分に成長する。

ク	コ	
		推 おし進める。おしはかる。人にすすめる。
		定 さだめる。きめる。かわらない。

エ	イ	
		同 おなじ。いっしょに。
		窓 まど。まどのある部屋。学校。

熟語作り②

右の□の中から漢字を選んで、**01〜05**の意味にあてはまる**熟語**を作り、**記号**で答えなさい（**06〜10**も同様）。

☐ **01** 液体が表面から気化すること。

☐ **02** さしずして人びとをまとめ動かすこと。

☐ **03** 取り払うこと。

☐ **04** 真心があり、まじめで正直なこと。

☐ **05** 物をたくわえてしまっておくこと。

ア 蔵	カ 揮
イ 除	キ 発
ウ 忠	ク 実
エ 指	ケ 去
オ 蒸	コ 貯

☐ **06** 物を生産する元となるもの。

☐ **07** 人や人の家をたずねること。

☐ **08** けがをすること。

☐ **09** 世の中に広く意見を発表すること。

☐ **10** 明るい良い知らせ。

ア 源	カ 負
イ 問	キ 資
ウ 報	ク 宣
エ 傷	ケ 朗
オ 訪	コ 言

解 答		解 説
オ	キ	蒸 湯気が立ち上る。むす。むらす。 発 はなつ。出かける。生じる。明らかにする。
エ	カ	指 ゆび。ゆびさす。さしずする。 揮 さしずする。ふりまわす。まきちらす。
イ	ケ	除 取りのぞく。わり算。 去 さる。すぎさる。取りのぞく。はなれる。
ウ	ク	忠 真心。主君に心からつくすこと。 実 本当。中身。みのる。草木のみ。
コ	ア	貯 ためる。たくわえる。とっておく。 蔵 しまっておく。物を入れておく建物。
キ	ア	資 元手。たから。生まれつき。 源 水の流れでる元。物事の始まり。
オ	イ	訪 たずねる。おとずれる。 問 たずねる。聞く。おとずれる。
カ	エ	負 せおう。まける。0より小さい数。 傷 きず。けが。きずつける。心をいためる。
ク	コ	宣 のべる。広く知らせる。 言 いう。ことば。話す。
ケ	ウ	朗 明るい。ほがらか。声がよく通る。 報 知らせ。むくいる。

熟語作り③

右の□の中から漢字を選んで、**01〜05**の意味にあてはまる**熟語**を作り、**記号**で答えなさい（**06〜10**も同様）。

☑ **01** 不正を許さず、きびしい様子。

☑ **02** 物や人を一定の空間に入れること。

☑ **03** 真心をもって相手に注意すること。

☑ **04** 物や金銭を相手にかえすこと。

☑ **05** 演劇など舞台が始まること。

ア 返	カ 開
イ 忠	キ 厳
ウ 告	ク 格
エ 済	ケ 収
オ 容	コ 幕

☑ **06** 用心するように呼びかける知らせ。

☑ **07** すいとること。

☑ **08** 新しいものを最初に作り出すこと。

☑ **09** ほかの人とちがった考えや反対意見。

☑ **10** たくさんの人びと。

ア 収	カ 創
イ 吸	キ 議
ウ 造	ク 大
エ 衆	ケ 異
オ 報	コ 警

解 答　　　解 説

読み・部首と部首名・画数・漢字と送りがな・音と訓・四字の熟語・対義語類義語・熟語作り・熟語の構成・同じ読みの漢字・漢字

キ	ク	厳 きびしい。はげしい。おごそか。 格 決まり。身分。とりわけ。基準。
ケ	オ	収 取り入れる。おさまる。とらえる。 容 中に入れる。中に入れたもの。
イ	ウ	忠 真心。主君に心からつくすこと。 告 知らせる。つげる。うったえる。
ア	エ	返 元へもどる。元へもどす。 済 すませる。助ける。
カ	コ	開 閉じているものをあけはなつ。 幕 舞台と客席との間を仕切るために舞台の前にたらす布。
コ	オ	警 用心する。注意をする。 報 知らせ。むくいる。
イ	ア	吸 息をすう。すいこむ。 収 取り入れる。おさまる。とらえる。
カ	ウ	創 はじめる。はじめてつくる。傷。つくる。 造 物を作る。
ケ	キ	異 ことなる。ちがう。珍しい。ほかの。 議 話しあう。意見。
ク	エ	大 おおきい。立派。たくさん。すぐれている。おおいに。 衆 おおぜいの人びと。

165

次の熟語の**構成**は右の□の中のどれにあたるか、一つ選び、**記号**で答えなさい。

☑ **01** 胸 囲

☑ **02** 寒 暖

☑ **03** 就 職

☑ **04** 紅 白

☑ **05** 順 延

☑ **06** 存 在

☑ **07** 植 樹

☑ **08** 尊 敬

☑ **09** 異 国

☑ **10** 帰 宅

> ア 反対や対(つい)になる意味の字を組み合わせたもの
> （例＝**軽重**）
>
> イ 同じような意味の字を組み合わせたもの
> （例＝**身体**）
>
> ウ 前の字が後ろの字の意味を説明（修飾(しょく)）しているもの
> （例＝**会員**）
>
> エ 後ろの字から前の字へ返って読むと意味がよくわかるもの
> （例＝**着火**）

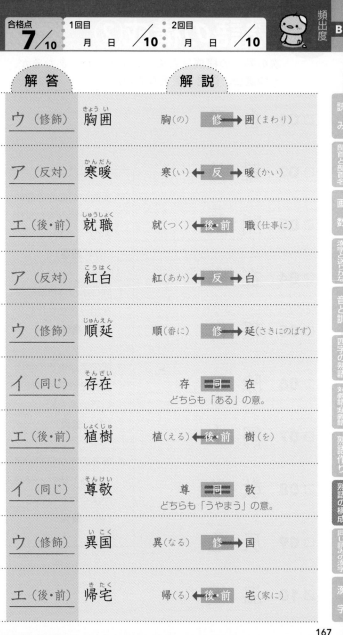

解答		解説
ウ（修飾）	胸囲（きょうい）	胸（の）　修→囲（まわり）
ア（反対）	寒暖（かんだん）	寒（い）←反→暖（かい）
エ（後・前）	就職（しゅうしょく）	就（つく）←後・前 職（仕事に）
ア（反対）	紅白（こうはく）	紅（あか）←反→白
ウ（修飾）	順延（じゅんえん）	順（番に）　修→延（さきにのばす）
イ（同じ）	存在（そんざい）	存 ＝同＝ 在　どちらも「ある」の意。
エ（後・前）	植樹（しょくじゅ）	植（える）←後・前 樹（を）
イ（同じ）	尊敬（そんけい）	尊 ＝同＝ 敬　どちらも「うやまう」の意。
ウ（修飾）	異国（いこく）	異（なる）　修→国
エ（後・前）	帰宅（きたく）	帰（る）←後・前 宅（家に）

読み　部首と部首名　画数　漢字と送りがな　音と訓　四字の熟語　対義語・類義語　熟語作り　熟語の構成　同じ読みの漢字　漢字

熟語の構成②

次の熟語の**構成**は右の□の中のどれにあたるか、一つ選び、**記号**で答えなさい。

☑ **01** 自己

☑ **02** 難易

☑ **03** 開閉

☑ **04** 在宅

☑ **05** 軽傷

☑ **06** 除草

☑ **07** 国宝

☑ **08** 敬老

☑ **09** 灰色

☑ **10** 温暖

ア 反対や対(つい)になる意味の字を組み合わせたもの
（例＝**軽重**）

イ 同じような意味の字を組み合わせたもの
（例＝**身体**）

ウ 前の字が後ろの字の意味を説明（修飾(しょく)）しているもの
（例＝**会員**）

エ 後ろの字から前の字へ返って読むと意味がよくわかるもの
（例＝**着火**）

解 答		解 説
イ（同じ）	自己 じ こ	自 ┃同┃ 己 どちらも「自分自身」の意。
ア（反対）	難易 なん い	難(しい) ← 反 → 易(しい)
ア（反対）	開閉 かいへい	開(く) ← 反 → 閉(じる)
エ（後・前）	在宅 ざいたく	在(いる) ← 後・前 宅(家に)
ウ（修飾）	軽傷 けいしょう	軽(い) 修 → 傷(けが)
エ（後・前）	除草 じょそう	除(く) ← 後・前 草(を)
ウ（修飾）	国宝 こくほう	国(の) 修 → 宝
エ（後・前）	敬老 けいろう	敬(う) ← 後・前 老(人を)
ウ（修飾）	灰色 はいいろ	灰(の) 修 → 色
イ（同じ）	温暖 おんだん	温 ┃同┃ 暖 どちらも「あたたかい」の意。

読み｜部首と部首名｜画数｜漢字と送りがな｜音と訓｜四字の熟語｜対義語・類義語｜熟語作り｜熟語の構成｜同じ読みの漢字｜漢字

熟語の構成③

次の熟語の**構成**は右の□の中のどれにあたるか、一つ選び、**記号**で答えなさい。

☑ **01** 得 失

☑ **02** 閉 店

☑ **03** 価 値

☑ **04** 退 席

☑ **05** 去 来

☑ **06** 車 窓

☑ **07** 若 者

☑ **08** 収 納

☑ **09** 閉 館

☑ **10** 敬 意

ア 反対や対(つい)になる意味の字を組み合わせたもの
 （例＝**軽重**）

イ 同じような意味の字を組み合わせたもの
 （例＝**身体**）

ウ 前の字が後ろの字の意味を説明（修飾(しょく)）しているもの
 （例＝**会員**）

エ 後ろの字から前の字へ返って読むと意味がよくわかるもの
 （例＝**着火**）

頻出度 B

合格点
7/10

1回目
月　日　/10

2回目
月　日　/10

解答　　　　　　解説

読み

部首と部首名

画数

漢字と送りがな

音と訓

四字の熟語

対義語・類義語

熟語作り

熟語の構成

同じ読みの漢字

漢字

ア（反対）　得失（とくしつ）　　　得（る）◀ 反 ▶失（う）

エ（後・前）　閉店（へいてん）　　　閉（じる）◀ 後・前 店（を）

イ（同じ）　価値（かち）　　　　価 ＝同＝ 値
どちらも「あたい」の意。

エ（後・前）　退席（たいせき）　　　退（く）◀ 後・前 席（を）

ア（反対）　去来（きょらい）　　　去（る）◀ 反 ▶来（る）

ウ（修飾）　車窓（しゃそう）　　　車（の） 修 ▶窓

ウ（修飾）　若者（わかもの）　　　若（い） 修 ▶者（人）

イ（同じ）　収納（しゅうのう）　　　収 ＝同＝ 納
どちらも「おさめる」の意。

エ（後・前）　閉館（へいかん）　　　閉（じる）◀ 後・前 館（を）

ウ（修飾）　敬意（けいい）　　　　敬（う） 修 ▶意（きもち）

同じ読みの漢字①

次の___線の**カタカナ**を**漢字**になおしなさい。

☑ **01** 交通事故の死**ボウ**者数が減少した。

☑ **02** 鉄**ボウ**に三十秒間ぶら下がる。

☑ **03** 父は**ユウ**良運転者だ。

☑ **04** 作品を速達で**ユウ**送する。

☑ **05** 誕生日の贈(おく)り物に感**ゲキ**する。

☑ **06** **ゲキ**場はすでに観客で満員だ。

☑ **07** 入場**ケン**を買って競技場に入る。

☑ **08** 国民主**ケン**は日本国憲法で定められている。

☑ **09** 父は今年で**キン**続二十年になる。

☑ **10** 未成年者の飲酒は**キン**止されている。

解　答	解　説
死亡 し ぼう	死亡：しぬこと。 **出例** 志望／暴風 **対義語** 出生／誕生／生存
鉄棒 てっぽう	鉄棒：鉄製のぼう。二本の柱の間に鉄製の ぼうを水平にかけわたした器械体操用具。 男子体操競技の種目のひとつ。
優良 ゆうりょう	優良：物事の状態が他よりすぐれているこ と。**出例** 有料／勇退
郵送 ゆうそう	郵送：ゆう便でおくること。
感激 かんげき	感激：ある物事で気持ちがたかぶり、心を 動かされること。
劇場 げきじょう	劇場：映画や演げきなどの興行をするため の建物。
入場券 にゅうじょうけん	入場券：会場に入るためのチケット。
主権 しゅけん	主権：国の政治のあり方を決定するけん利。 他の国と対等であるけん利。独立して国民 や領土を統治するけん利。
勤続 きんぞく	勤続：同じつとめ先で働き続けること。 **出例** 金属／筋肉／近視
禁止 きん し	禁止：ある行為をしてはならないこと。

読み　部首と部首名　画数　漢字と送りがな　音と訓　四字の熟語　対義語・類義語　熟語作り　熟語の構成　同じ読みの漢字　漢字

次の＿＿線の**カタカナ**を**漢字**になおしなさい。

☑ **01** 父は病院で内ゾウの検査を受ける予定だ。

☑ **02** 住んでいる町の人口がゾウ加した。

☑ **03** 駅では階ダンを利用している。

☑ **04** 地球温ダン化について議論した。

☑ **05** 帰宅途中にケイ官に呼び止められた。

☑ **06** 母は赤ケイ統の色を好む。

☑ **07** サッカーの国際シン善試合が行われる。

☑ **08** 登山で方位磁シンを使う。

☑ **09** 綿密なサク戦を立てる。

☑ **10** 友達と中間試験の対サクをする。

解　答	解　説
内臓 ないぞう	内臓：動物の体内にある器官の総称。 出例 内蔵／造花／仏像　❌内蔵
増加 ぞうか	増加：量が多くなること。
階段 かいだん	階段：のぼりおりのための、だんになった通路。 出例 会談／断念
温暖化 おんだんか	温暖化：温室効果ガスが大気中に大量に放出されることで地球の気温が上昇すること。
警官 けいかん	警官：けい察官のこと。けい察の責務をすい行する公務員。 出例 景観／経営
系統 けいとう	系統：一定の順序で続いているつながりのこと。血筋。同じ方面に属していること。
親善 しんぜん	親善：仲良くすること。 出例 自信／前進／自身
磁針 じしん	磁針：はり状の磁石。
作戦 さくせん	作戦：戦いをうまく運ぶための計画や方法。物事を進めていくときのはかりごと。
対策 たいさく	対策：相手の態度や事件の状況に応じてとる手段。

読み　部首と部首名　画数　漢字と送りがな　音と訓　四字の熟語　対義語・類義語　熟語作り　熟語の構成　同じ読みの漢字　漢字

175

次の＿＿線の**カタカナ**を**漢字**になおしなさい。

☑ **01** 社長が合理化を<u>スイ</u>進する。

☑ **02** 定規で<u>スイ</u>直の線を引く。

☑ **03** 地元の<u>キョウ</u>土料理を頂く。

☑ **04** 多くの人が集まる場所を提<u>キョウ</u>する。

☑ **05** 電車の出発時<u>コク</u>を調べる。

☑ **06** <u>コク</u>物の輸入国を調べる。

☑ **07** 物事の価値観は地域によって対<u>ショウ</u>的だ。

☑ **08** 無理を<u>ショウ</u>知でお願いする。

☑ **09** ミサイル発<u>シャ</u>について報道する。

☑ **10** 新しい校<u>シャ</u>が完成した。

解 答	解 説
推進 すいしん	推進：物事をおしすすめること。 **出例** 水深
垂直 すいちょく	垂直：直線や平面が直角に交わること。
郷土 きょうど	郷土：いなか。地方。自分の生まれそだった土地。 **出例** 強度　**類義語** 故郷／郷里
提供 ていきょう	提供：相手が利用できるように物品を差し出すこと。
時刻 じこく	時刻：時の流れの、ある一点。 **出例** 自国／忠告
穀物 こくもつ	穀物：米、小麦、とうもろこしなどを主体として種子を食用とするもの。
対照 たいしょう	対照：二つの物をてらし合わせて比べること。 **出例** 対象／証明／故障
承知 しょうち	承知：依頼を聞き入れること。事情を知ること。理解して許すこと。
発射 はっしゃ	発射：ロケットや弾などをうち出すこと。 **出例** 発車
校舎 こうしゃ	校舎：学校にある建物で、勉強などを行う場所。

漢字①

次の＿＿線の**カタカナ**を**漢字**になおしなさい。

☑ **01** **ザッシ**の興味深い記事を読む。

☑ **02** 道路の**カクチョウ**工事が行われる。

☑ **03** **カンケツ**なことばで表す。

☑ **04** アフリカは野生動物の**ホウコ**である。

☑ **05** コピーの**マイスウ**を確認する。

☑ **06** この**コウチャ**はよい香りがする。

☑ **07** 言い**ワケ**は許さない。

☑ **08** すいかを二つに**ワ**る。

☑ **09** 法事で手を合わせて故人を**オガ**む。

☑ **10** 荷物を宿に**アズ**けて外出する。

解 答	解 説
雑誌 ざっし	雑誌：いろいろな記事や写真などがのせて あり、定期的に出す本。 出例 日誌 ✖雑紙
拡張 かくちょう	拡張：ひろげて大きくすること。 ✖格張／拡長
簡潔 かんけつ	簡潔：表現がかん単で、よくまとまってい ること。 出例 簡単／簡略 ✖簡結
宝庫 ほうこ	宝庫：たから物を入れておく蔵。良いもの や貴重なものがたくさんあるところ。 出例 国宝／宝石／宝物
枚数 まいすう	枚数：紙・板・皿など平たい物のかず。 出例 一枚
紅茶 こうちゃ	紅茶：ちゃの若葉をつみとり、はっこうさ せてかわかした物。 出例 紅白
訳 わけ	訳：理由。原因。 出例 訳す
割る わる	割る：二つ以上にわける。 出例 割れる／割引
拝む おがむ	拝む：手を合わせて、頭を下げる。
預けて あずけて	預ける：お金や身柄の保管や世話を他人に 頼む。 出例 預かる

読み／部首と部首名／画数／漢字と送りがな／音と訓／四字の熟語／対義語類義語／熟語作り／熟語の構成／同じ読みの漢字／漢字

179

次の＿＿線の**カタカナ**を**漢字**になおしなさい。

☑ **01** マシンで**キンニク**をきたえる。

☑ **02** 町に**コウソウ**ビルが建ち並ぶ。

☑ **03** 事件の**ハイケイ**がわかった。

☑ **04** 修学旅行中の**ハン**を決める。

☑ **05** 希望の会社に**シュウショク**する。

☑ **06** ここから公園の**ジュモク**が見える。

☑ **07** この道は車の通りが**ハゲ**しい。

☑ **08** **ホネ**が折れる仕事だ。

☑ **09** **ハラ**がいっぱいで食べられない。

☑ **10** **ハリ**の穴に糸を通す。

解 答	解 説

筋肉（きんにく）

筋肉：体を動かすために働く動物特有の器官。
出例 筋骨／筋道

高層（こうそう）

高層：階をいくつもかさねたたかい建物。
出例 断層／地層

背景（はいけい）

背景：物事の裏にある事情。
出例 背後

班（はん）

班：ある団体を一定の人数に組み分けしたもの。グループ。
出例 班長

就職（しゅうしょく）

就職：仕事につくこと。
出例 就任

樹木（じゅもく）

樹木：木。立ち木。
出例 植樹／街路樹／樹立／落葉樹

激しい（はげしい）

激しい：程度がはなはだしい。

骨（ほね）

骨：苦労のいること。
出例 骨身／骨折　**豆**「骨が折れる」は、苦労するの意

腹（はら）

腹：おなか。

針（はり）

針：ぬい物をするときに使う、細く先のとがった道具。
出例 針金

181

次の＿＿＿線の**カタカナ**を**漢字**になおしなさい。

☑ **01** 恩師の教えを**チュウジツ**に守る。

☑ **02** **ヒヒョウ**は好意的なものだった。

☑ **03** 通学路に**キケン**な道がある。

☑ **04** この器は十万円の**カチ**がある。

☑ **05** 物語は静かに**マク**をおろした。

☑ **06** 土地の**ケンリ**を子どもにゆずる。

☑ **07** **ワカ**いころ空手を習っていた。

☑ **08** 読み終えた本を**ト**じる。

☑ **09** 朝からずっと歯が**イタ**い。

☑ **10** 最近、急に**セ**がのびた。

合格点
7/10
1回目
月　日／10
2回目
月　日／10
頻出度
B

解　答	解　説

忠実（ちゅうじつ）

忠実：まごころをもってつとめること。まじめに正確に行うこと。
出例　忠告

批評（ひひょう）

批評：よい、悪いをみきわめて意見をのべること。
出例　批判　☒比評

危険（きけん）

危険：あぶないこと。安全でないこと。
☒危検

価値（かち）

価値：物のねうち。どのくらい役に立つか、大事かという程度。
出例　値段

幕（まく）

幕：場合。場面。演劇でつかう垂れまく。
出例　開幕　豆「幕をおろす」は、物ごとが終わるの意

権利（けんり）

権利：物事を自由にできる資格。

若い（わかい）

若い：生まれてから多くの年月がたっていない。年齢が少ない。
出例　若者／若葉

閉じる（とじる）

閉じる：開いている物をしめる。

痛い（いたい）

痛い：身体にいたみを感じる。心に苦つうを感じる。
出例　痛む

背（せ）

背：身長。
出例　背中／背泳ぎ／背筋／背負う

次の＿＿線の**カタカナ**を**漢字**になおしなさい。

☑ **01** <u>イッサツ</u>の本が人生を変える。

☑ **02** 学校を<u>ソウタイ</u>して自宅で休む。

☑ **03** ぶつかる<u>スンゼン</u>に車が止まる。

☑ **04** 家族で<u>オンセン</u>に行く。

☑ **05** 終わりなき<u>ゼン</u>と悪の戦いの神話だ。

☑ **06** <u>ウンチン</u>が安いほうを選ぶ。

☑ **07** <u>アブ</u>ない場所に行ってはいけない。

☑ **08** <u>ムズカ</u>しい資格試験にいどむ。

☑ **09** 毎日一時間は<u>ツクエ</u>に向かう。

☑ **10** 友人を<u>キズ</u>つけるつもりはなかった。

解答　　解説

読み

部首と部首名

画数

漢字と送りがな

音と訓

四字の熟語

対義語・類義語

熟語作り

熟語の構成

同じ読みの漢字

漢字

一冊
いっさつ

冊：さつは書物を数えることば。

早退
そうたい

早退：学校や会社を定時よりはやく出ること。
[出例] 退院／引退／退場／退職

寸前
すんぜん

寸前：直前。ほんの少しまえ。
[出例] 寸断

温泉
おんせん

温泉：地中からわき出る、特定の成分を含んだあたたかい地下水。

善
ぜん

善：よいこと。
[出例] 改善／親善／善戦

運賃
うんちん

運賃：人が乗り物に乗るときや荷物を送るときにはらう代金。
✗ 運貨

危ない
あぶ

危ない：悪い結果になりそうで心配なこと。見通しが暗いこと。

難しい
むずか

難しい：簡単にできない。わかりにくい。

机
つくえ

机：本を読んだり、物を書いたりするときに使う台。

傷つけて
きず

傷つける：相手のプライドや気持ちなどを害すること。けがをさせること。
[出例] 傷口

次の＿＿線の**カタカナ**を**漢字**になおしなさい。

☑ **01** <u>ヨクジツ</u>の試合に備え早くねる。

☑ **02** 最近、<u>イチョウ</u>の調子が悪い。

☑ **03** 日本語から英語へ<u>ヤク</u>した。

☑ **04** いつもの時間に<u>キタク</u>する。

☑ **05** <u>ノウ</u>の働きとしくみを研究する。

☑ **06** 力士が<u>ドヒョウ</u>に上がって塩をまく。

☑ **07** 祖父はよく<u>タカラ</u>くじを買う。

☑ **08** 子どもが<u>スナ</u>で山を作っている。

☑ **09** <u>ウタガ</u>う余地はない。

☑ **10** 才能不足を努力で<u>オギナ</u>う。

解答 / 解説

解 答	解 説
<ruby>翌日<rt>よくじつ</rt></ruby>	<ruby>翌日<rt>よくじつ</rt></ruby>：次の日。 出例 <ruby>翌週<rt>よくしゅう</rt></ruby>／<ruby>翌朝<rt>よくあさ</rt></ruby>／<ruby>翌年<rt>よくねん</rt></ruby> ☒ 習日
<ruby>胃腸<rt>い ちょう</rt></ruby>	<ruby>胃腸<rt>い ちょう</rt></ruby>：消化器官の臓器。 出例 <ruby>胃<rt>い</rt></ruby>
<ruby>訳<rt>やく</rt></ruby>した	<ruby>訳<rt>やく</rt></ruby>す：ある国の言葉や文字を別の国の言葉や文字に直すこと。 出例 <ruby>通訳<rt>つうやく</rt></ruby>
<ruby>帰宅<rt>き たく</rt></ruby>	<ruby>帰宅<rt>き たく</rt></ruby>：自分の家にかえること。 出例 <ruby>宅配<rt>たくはい</rt></ruby>／<ruby>住宅<rt>じゅうたく</rt></ruby>
<ruby>脳<rt>のう</rt></ruby>	<ruby>脳<rt>のう</rt></ruby>：のうみそ。動物の頭の中にあり、物事をかんがえたり、神経へ動きを命令する部分。 出例 <ruby>頭脳<rt>ずのう</rt></ruby> ☒ 能
<ruby>土俵<rt>ど ひょう</rt></ruby>	<ruby>土俵<rt>ど ひょう</rt></ruby>：すもうを行う場所。
<ruby>宝<rt>たから</rt></ruby>	<ruby>宝<rt>たから</rt></ruby>：とくに大切な物。
<ruby>砂<rt>すな</rt></ruby>	<ruby>砂<rt>すな</rt></ruby>：きわめてこまかい岩や石などのつぶ。 出例 <ruby>砂場<rt>すなば</rt></ruby>
<ruby>疑<rt>うたが</rt></ruby>う	<ruby>疑<rt>うたが</rt></ruby>う：事実とちがうのではないかとあやしむ。
<ruby>補<rt>おぎな</rt></ruby>う	<ruby>補<rt>おぎな</rt></ruby>う：足りない部分をみたす。

読み
部首と部首名
画数
漢字と送りがな
音と訓
四字の熟語
対義語・類義語
熟語作り
熟語の構成
同じ読みの漢字
漢字

次の___線の**カタカナ**を**漢字**になおしなさい。

☑ **01** スキーで足を<u>コッセツ</u>する。

☑ **02** 都心は住宅が<u>ミッシュウ</u>している。

☑ **03** <u>ショクヨク</u>の秋がやってくる。

☑ **04** <u>ナイカク</u>の支持率が上がる。

☑ **05** 進学について<u>シンコク</u>に悩^{なや}む。

☑ **06** 地球<u>オンダン</u>化について討論する。

☑ **07** 予想が外れたことを<u>ミト</u>める。

☑ **08** タバコの<u>ハイ</u>を所定の場所に入れる。

☑ **09** 切り<u>カブ</u>から小さな芽が出た。

☑ **10** 弟はサッカーの<u>スジ</u>がいい。

合格点
7/10

1回目
月　日　/10

2回目
月　日　/10

頻出度
B

解答 ／ 解説

読み

部首と部首名

画　数

漢字と送りがな

音と訓

四字の熟語

対義語・類義語

熟語作り

熟語の構成

同じ読みの漢字

漢　字

解答	解説
こっせつ 骨折	骨折：けがなどでほねがおれること。 出例 鉄骨
みっしゅう 密集	密集：間かくがとれないほどぎっしりとあつまること。 出例 密度／綿密／密接
しょくよく 食欲	食欲：たべたいと思う気持ち。 出例 意欲／欲　✗食浴
ないかく 内閣	内閣：国の政治を行う、総理大臣を中心とした大臣たちの集まり。 出例 天守閣　✗内革
しんこく 深刻	深刻：重大なことと受け止め、ふかく思いつめること。 出例 時刻／定刻／一刻　✗探刻／深告
おんだん 温暖	温暖：気候があたたかいこと。 出例 寒暖
みと 認める	認める：正しいとして受け入れる。物事を見て判断する。目にとめる。
はい 灰	灰：物が燃えたあとに残る粉末状のもの。 出例 灰色／灰皿
かぶ 株	株：草木の根元。また、かぶ式会社が発行するかぶ券。
すじ 筋	筋：素質。 出例 筋道／首筋

次の＿＿線の**漢字の読み**を**ひらがな**で書きなさい。

☑ **01** 深夜の一人歩きは<u>危険</u>だ。

☑ **02** 野球の国際<u>親善</u>試合が行われる。

☑ **03** 温かい出迎_{むか}えに<u>感激</u>した。

☑ **04** 無理を<u>承知</u>でお願いしたい。

☑ **05** 友人の言葉を<u>誤解</u>していた。

☑ **06** 宅配便で、<u>至急</u>取り寄せる。

☑ **07** 志望校に入学願書を<u>郵送</u>する。

☑ **08** 的をねらって矢を<u>射</u>る。

☑ **09** <u>絹</u>のスカーフを母におくる。

☑ **10** 山の上から初日の出を<u>拝</u>む。

解 答	解 説

きけん
危険：あぶないこと。生命に危害が及んだり、事故や災害が起こったりする可能性があること。

しんぜん
親善：人々が互いに仲よくすること。
出例 改善／善戦

かんげき
感激：ある物事で気持ちがたかぶり、心を動かされること。
出例 急激／激戦

しょうち
承知：相手の要求や依頼を聞き入れること。
出例 伝承

ごかい
誤解：ある事実について、あやまって理解すること。言葉などの意味を取り違えること。
出例 誤字

しきゅう
至急：非常に急ぐこと。大急ぎ。
出例 冬至

ゆうそう
郵送：郵便でおくること。

いる
射る：目標に向かい矢をはなつ。

きぬ
絹：蚕のまゆからとった糸。またはその絹糸でつくった織物。
出例 絹製品

おがむ
拝む：両手をあわせ、頭を下げていのる。

次の＿＿線の**漢字の読み**を**ひらがな**で書きなさい。

☑ **01** 父は建設会社に勤務している。

☑ **02** 戸じまりを厳重にして出かける。

☑ **03** サッカー専門の雑誌を愛読している。

☑ **04** 家族旅行で温泉に入る。

☑ **05** コーヒーに砂糖を入れて飲む。

☑ **06** 地元では養蚕業がさかんだ。

☑ **07** 台風は日本列島を縦断して進む。

☑ **08** 弟を除き家族全員が働いている。

☑ **09** アイヌ文化の源をさぐる。

☑ **10** ピアノ教室の月謝を納める。

解　答	解　説
きんむ	勤務：会社などにつとめて仕事をすること。 **出例** 出勤／通勤
げんじゅう	厳重：いいかげんでなく、厳しい様子。
ざっし	雑誌：さまざまな事柄の記事を載せた刊行物。 **出例** 日誌
おんせん	温泉：地中からわき出る、特定の成分を含んだあたたかい地下水。
さとう	砂糖：サトウキビなどに含まれるしょ糖を主成分とする甘味料。
ようさん	養蚕：蚕が吐き出して作るまゆ玉をとること。
じゅうだん	縦断：縦または南北の方向に方向に向かうこと。 **出例** 縦走
のぞき	除く：加えない。省く。
みなもと	源：物事の起こり始め。
おさめる	納める：はらいこむ。

次の＿＿線の**漢字の読み**を**ひらがな**で書きなさい。

☑ **01** 自宅の近くに<u>立派</u>なマンションが建った。

☑ **02** レントゲン検査で<u>肺</u>の状態を調べる。

☑ **03** 本の内容を<u>巻末</u>資料で確認する。

☑ **04** <u>糖分</u>の表示を見て食品を選ぶ。

☑ **05** 本を読んで感じた<u>疑問</u>を先生に尋(たず)ねる。

☑ **06** 学校の身体測定で<u>胸囲</u>を測る。

☑ **07** 試験会場では<u>私語</u>を慎(つつし)む。

☑ **08** 父は<u>若</u>いときの話をよくする。

☑ **09** <u>片足</u>でふみきって跳(と)ぶ。

☑ **10** コインを<u>泉</u>に投げ入れる。

合格点
7/10

1回目
月 日 /10

2回目
月 日 /10

頻出度
C

解 答	解 説
りっぱ	立派：行いなどがすぐれているさま。堂々 としているさま。 出例 特派員
はい	肺：酸素を体内にとり込み、二酸化炭素を 体外へ放出する呼吸器官。 出例 肺活量
かんまつ	巻末：書物の終わりの部分のこと。
とうぶん	糖分：食品などに含まれる糖類の成分。
ぎもん	疑問：ある事柄が間違っているのではない かと思うこと。 出例 質疑
きょうい	胸囲：胸の周囲の長さ、寸法。 出例 胸部
しご	私語：ひそひそ話すこと。 出例 私服／私用
わかい	若い：生まれてから多くの年を重ねてい ないこと。 出例 若葉／若者／若菜
かたあし	片足：片方の足。 出例 片／片側／片道／後片付け
いずみ	泉：地中から自然にわきでる水、またはそ の場所。

読み

部首と部首名

画数

漢字と送りがな

音と訓

四字の熟語

対義語・類義語

熟語作り

熟語の構成

同じ読みの漢字

漢字

195

次の＿＿線の**漢字の読み**を**ひらがな**で書きなさい。

□ **01** 自転車で転倒（とう）したが軽傷で済んだ。

□ **02** 消費税を期限内に納税する。

□ **03** 銀行で預金残高を確認する。

□ **04** 窓を開閉して空気を入れ替（か）える。

□ **05** 汗（あせ）の吸収がすぐれたシャツを着る。

□ **06** 沿線の途（と）中に垂直に切り立ったがけがある。

□ **07** 翌日の天気予報は快晴だ。

□ **08** 楽しさに時の経つのを忘れる。

□ **09** 雑誌を本だなに収める。

□ **10** 蚕にえさのクワの葉をやる。

解 答	解 説

読み

部首と部首名

画数

漢字と送りがな

音と訓

四字の熟語

対義語・類義語

熟語作り

熟語の構成

同じ読みの漢字

漢字

けいしょう

軽傷：かるいけがのこと。
出例 重傷／負傷

のうぜい

納税：税金をおさめること。
出例 納期

よきん

預金：銀行などにお金をあずけること。

かいへい

開閉：あけたり、しめたりすること。
出例 閉店／閉幕

きゅうしゅう

吸収：すい取ること。外部から取り入れて自分のものにすること。

すいちょく

垂直：二つの直線が交わる部分で直角を示すこと。

よくじつ

翌日：当日の次の日のこと。

わすれる

忘れる：うっかりして気がつかないこと。

おさめる

収める：ととのえてきちんとしまうこと。

かいこ

蚕：カイコガの幼虫。まゆをつくり、そのまゆから絹糸をとる。

次の＿＿線の**漢字の読み**を**ひらがな**で書きなさい。

□ **01** 医は仁術なりという言葉がある。

□ **02** 世界的に環境を重視する風潮が高まる。

□ **03** 会議では多くの異論が出た。

□ **04** 全員の協力で困難を乗り越えることができた。

□ **05** 完成した作品を郵送する。

□ **06** 朝の駅は乗降客であふれている。

□ **07** カブトムシが樹液に集まる。

□ **08** 兄は横の物を縦にもしない。

□ **09** 公園の砂場で遊ぶ。

□ **10** まきを燃やした後の灰を片付けた。

解 答	解 説

じんじゅつ	仁術：他人に対する思いやりの心で病人を治療する術。
ふうちょう	風潮：その時代の世の中のありさま、傾向や流れ。 **出例** 満潮
いろん	異論：他と違った意見や考え。
こんなん	困難：物事を実現するのがむずかしいこと。
ゆうそう	郵送：郵便でおくること。 **出例** 郵便
じょうこう	乗降：乗り物にのること、乗り物からおりること。
じゅえき	樹液：樹木に含まれている液。立ち木の樹皮などから分泌する液。
たて	縦：上から下へ、前からうしろへの方向や長さ。 **豆** 「横の物を縦にもしない」は、ものぐさであることのたとえ **出例** 縦書き／縦糸／縦笛
すなば	砂場：砂遊びのための、砂を入れた場所。 **出例** 砂／砂山
はい	灰：物が燃えた後に残る粉末状のもの。 **出例** 灰皿

次の＿＿線の**漢字の読み**を**ひらがな**で書きなさい。

☑ **01** ナイル川の流域を旅する。

☑ **02** 自宅を料理店に改装する。

☑ **03** 会社の規模を拡大する。

☑ **04** 大学では法律について学んでいる。

☑ **05** 愛用のパソコンが故障した。

☑ **06** 試合前に選手の奮起をうながす。

☑ **07** ギターの独奏に聞きほれる。

☑ **08** タバコを吸う人が減った。

☑ **09** 年上の人は敬うべきだ。

☑ **10** そうじのあと不用品を捨てる。

解答	解説
りゅういき	流域：河川の流れに沿った両岸の地域。また、ある川が雨水などの降水を集める区域。
かいそう	改装：建物の内外の設備や見た目を改めること。
きぼ	規模：物事の仕組みや構えの大きさ。
ほうりつ	法律：国民がまもらなければならない、国がきめたきまり。
こしょう	故障：機械や体などに不調が生じ、正常に働かなくなること。さしさわり。
ふんき	奮起：心がふるいたつこと。勇気をふるいおこすこと。
どくそう	独奏：ひとりで楽器を演奏すること。ソロ。
すう	吸う：気体や液体を鼻や口から体内にひき入れること。
うやまう	敬う：尊敬する。立派だと思うこと。
すてる	捨てる：いらない物として手ばなす。ほうること。

読み

部首と部首名

画数

漢字と送りがな

音と訓

四字の熟語

対義語・類義語

熟語作り

熟語の構成

同じ読みの漢字

漢字

次の＿＿線の**漢字の読み**を**ひらがな**で書きなさい。

☑ **01** 山道のお地蔵さまを拝む。

☑ **02** 著者の未完の遺作をドラマ化する。

☑ **03** 死亡時刻を推定する。

☑ **04** 京都で仏閣めぐりをする。

☑ **05** 兄は同好会の創設メンバーだ。

☑ **06** 練習の成果を存分に発揮する。

☑ **07** 成熟した社会の問題点を論じる。

☑ **08** 学生時代の友達は一生の宝だ。

☑ **09** 大きな荷物の置き場所に困る。

☑ **10** なかなか骨のある人物だ。

解 答	解 説
じぞう	地蔵：人びとをすくい、まもるといわれる仏様。 ✕ちぞう
ちょしゃ	著者：その書物を書きあらわした人。
すいてい	推定：おしはかって決めること。
ぶっかく	仏閣：寺の建物。寺院。
そうせつ	創設：今までにない機関や制度をつくること。
ぞんぶん	存分：満足がいくまですること。思いどおりに行うこと。また、そのさま。
せいじゅく	成熟：十分に成長すること。
たから	宝：とくに大切な物。 出例 宝船
こまる	困る：どうしてよいかわからず苦しむ。
ほね	骨：強い気力。**豆**「骨のある」は強くしっかりとした気性をもつこと 出例 骨身

次の＿＿線の**漢字の読み**を**ひらがな**で書きなさい。

☑ **01** 子供の純真な心に感動する。

☑ **02** 全国大会が開幕した。

☑ **03** 公衆の面前で恥をさらす。

☑ **04** 詩の朗読会に参加する。

☑ **05** 中生代の古い地層が発見された。

☑ **06** 貸し出し延長の手続きをする。

☑ **07** 点呼の声が体育館に響く。

☑ **08** 仏だんにご飯を供える。

☑ **09** 級友とは意見が異なる。

☑ **10** 時計の針が正午をさす。

解答	解説
じゅんしん	純真：心にけがれや不純なもののないこと。
かいまく	開幕：物事が始まること。
こうしゅう	公衆：社会一般の人びと。
ろうどく	朗読：声に出して読み上げること。とくに詩や文章などを感情を込めて読み上げること。
ちそう	地層：どろや砂、火山灰などが水平に広がり、層状に積み重なったもの。
えんちょう	延長：長く延びること。延ばすこと。 ✕たんちょう
てんこ	点呼：一人ひとりの名を呼び、全員そろっているかどうかを確かめること。
そなえる	供える：神仏に物をさしあげる。 ✕とも（える）
ことなる	異なる：同じでない。ちがう。
はり	針：目盛りをさししめす物。

右側縦書き：読み　部首と部首名　画数　漢字と送りがな　音と訓　四字の熟語　対義語・類義語　熟語作り　熟語の構成　同じ読みの漢字　漢字

部首と部首名①

次の漢字の**部首**と**部首名**を後の□の中から選び、**記号**で答えなさい。

☑ **01** 忠

☑ **02** 認

☑ **03** 胸

☑ **04** 著

☑ **05** 拡

☑ **06** 糖

☑ **07** 模

☑ **08** 延

☑ **09** 宇

☑ **10** 域

部首	
あ	艹
い	木
う	米
え	土
お	言
か	宀
き	扌
く	又
け	月
こ	心

部首名
ア くさかんむり
イ つちへん
ウ こころ
エ えんにょう
オ にくづき
カ きへん
キ うかんむり
ク てへん
ケ ごんべん
コ こめへん

解 答	解 説

こ・ウ　心 こころ	**出例** 憲/忘もよく出る
お・ケ　言 ごんべん	**出例** 誠/誕もよく出る
け・オ　月 にくづき	**出例** 臓/脳/肺/腹もよく出る
あ・ア　艹 くさかんむり	**出例** 若/蒸/蔵もよく出る
き・ク　扌 てへん	**出例** 揮/捨/推もよく出る
う・コ　米 こめへん	
い・カ　木 きへん	**出例** 机/樹/枚もよく出る
く・エ　廴 えんにょう	
か・キ　宀 うかんむり	**出例** 宗/宣/宅/宙/密もよく出る
え・イ　土 つちへん	**出例** 城もよく出る

読 み
部首と部首名
画 数
漢字と送りがな
音と訓
四字の熟語
対義語・類義語
熟語作り
熟語の構成
同じ読みの漢字
漢 字

次の漢字の**部首**と**部首名**を後の□の中から選び、
記号で答えなさい。

☑ 01 誠

☑ 02 泉

☑ 03 蚕

☑ 04 潮

☑ 05 俵

☑ 06 腹

☑ 07 除

☑ 08 探

☑ 09 裏

☑ 10 晩

部首		部首名	
あ	イ	ア	さんずい
い	月	イ	にくづき
う	水	ウ	ころも
え	阝	エ	ひへん
お	氵	オ	ごんべん
か	虫	カ	むし
き	扌	キ	みず
く	衣	ク	こざとへん
け	日	ケ	てへん
こ	言	コ	にんべん

解　答	解　説
こ・オ　言 ごんべん	出例 誕/討もよく出る
う・キ　水 みず	
か・カ　虫 むし	
お・ア　氵 さんずい	出例 沿/激/済/洗もよく出る
あ・コ　亻 にんべん	
い・イ　月 にくづき	出例 胸/臓/脳/肺もよく出る
え・ク　阝 こざとへん	出例 障/陛もよく出る
き・ケ　扌 てへん	出例 推/操/担/拝もよく出る
く・ウ　衣 ころも	出例 裁/装もよく出る
け・エ　日 ひへん	

次の漢字の**赤い画**のところは**筆順の何画目**か、また**総画数**は
何画か、算用数字（1、2、3…）で答えなさい。

☑ 01 呼

☑ 02 奮

☑ 03 宝

☑ 04 熟

☑ 05 吸

☑ 06 后

☑ 07 糖

☑ 08 詞

☑ 09 乳

☑ 10 並

解答　　　　　解説

右側の縦ラベル（上から下）：読み　部首と部首名　画数　漢字と送りがな　音と訓　四字の熟語　対義語・類義語　熟語作り　熟語の構成　同じ読みの漢字　漢字

何画目	総画数	解説
7	8	1 2 3 4 5 6 7 8 呼呼呼呼呼呼呼呼 5画目の順番に注意
8	16	1 2 3 4 5 6 7 8 9 12 13 14 16 奮奮奮奮奮奮奮奮奮奮奮奮奮 14画目の順番に注意
5	8	1 2 3 4 5 6 7 8 宝宝宝宝宝宝宝宝 6画目の順番に注意
9	15	1 2 3 4 6 7 8 9 10 11 12 14 15 熟熟熟熟熟熟熟熟熟熟熟熟熟 10画目の順番に注意
4	6	1 2 3 4 5 6 吸吸吸吸吸吸
3	6	1 2 3 4 5 6 后后后后后后
13	16	1 2 3 4 5 6 7 8 9 10 11 12 13 14 16 糖糖糖糖糖糖糖糖糖糖糖糖 10画目の順番に注意
9	12	1 2 3 4 5 6 7 8 9 10 11 12 詞詞詞詞詞詞詞詞詞詞詞詞 8画目の順番に注意
7	8	1 2 3 4 5 6 7 8 乳乳乳乳乳乳乳乳
6	8	1 2 3 4 5 6 7 8 並並並並並並並並 4画目の順番に注意

次の漢字の**赤い画**のところは**筆順の何画目**か、また**総画数は何画**か、算用数字（1、2、3…）で答えなさい。

☑ 01 看

☑ 02 射

☑ 03 盛

☑ 04 批

☑ 05 済

☑ 06 除

☑ 07 胸

☑ 08 存

☑ 09 難

☑ 10 誠

解答　　　　　　解説

何画目	総画数	
4	9	1 2 3 4 5 6 7 8 9 看看看看看看看看看
6	10	1 2 3 4 5 6 7 8 9 10 射射射射射射射射射射
1	11	1 2 3 4 5 6 7 8 9 10 11 盛盛盛盛盛盛盛盛盛盛盛 6画目の順番に注意
6	7	1 2 3 4 5 6 7 批批批批批批批
9	11	1 2 3 4 5 6 7 8 9 10 11 済済済済済済済済済済済
3	10	1 2 3 4 5 6 7 8 9 10 除除除除除除除除除除 8画目の順番に注意
7	10	1 2 3 4 5 6 7 8 9 10 胸胸胸胸胸胸胸胸胸胸 9画目の順番に注意
2	6	1 2 3 4 5 6 存存存存存存
13	18	1 2 4 5 6 7 9 11 12 13 14 15 18 難難難難難難難難難難難難 15画目の順番に注意
8	13	1 2 3 4 5 6 7 8 9 10 11 12 13 誠誠誠誠誠誠誠誠誠誠誠誠誠 12画目の順番に注意

読み

部首と部首名

画数

漢字と送りがな

音と訓

四字の熟語

対義語・類義語

熟語作り

熟語の構成

同じ読みの漢字

漢字

次の＿＿線の**カタカナ**を**漢字一字**と**送りがな（ひらがな）**に直せ。　質問に**コタエル**。答える

☐ **01** 届けを出せば、入部を**ミトメル**。

☐ **02** 計算の**アヤマリ**を見つける。

☐ **03** 食事を**スマセテ**から入浴する。

☐ **04** 問題の解決に**イタル**。

☐ **05** 高速道路がさらに**ノビル**予定だ。

☐ **06** 湖に夜の月光が**ウツル**。

☐ **07** **ワカイ**ころは神童と呼ばれた。

☐ **08** お祝いの品を**イタダク**。

☐ **09** 好物は人により**コトナル**。

☐ **10** 定年になり教職を**シリゾク**。

解 答	解 説
認める	認める：許す。
誤り	誤り：間違い。失敗。 **出例** 誤る ❌誤まり
済ませて	済ます：終わらせる。
至る	至る：ある状態になる。
延びる	延びる：長さや距離、時間が長くなる。 **出例** 延ばす **豆**「伸びる」は物がまっすぐになる場合などに使う ❌延る／伸びる
映る	映る：物の形・光・影などが、ほかの物の表面に現れる。
若い	若い：生まれてから年月の経過が少ない。
頂く	頂く：「もらう・食べる」などのていねいな言い方。
異なる	異なる：同じでない。ちがう。 ❌異る
退く	退く：公の職務などから引退する。後ろへ下がる。貴人の前から退出する。 **出例** 退ける ❌退ぞく

音と訓①

漢字の読みには**音**と**訓**があります。次の**熟語の読み**は□の中のどの組み合わせになっていますか。ア～エの記号で答えなさい。

☑ **01** 無口

☑ **02** 黒潮

☑ **03** 系統

☑ **04** 関所

☑ **05** 貯蔵

☑ **06** 諸国

☑ **07** 誤答

☑ **08** 蒸発

☑ **09** 納入

☑ **10** 軍手

ア	音と音
イ	音と訓
ウ	訓と訓
エ	訓と音

解 答	解 説

イ 音と訓

無 ム 音読 ム・ブ 訓読 な(い)
口 くち 音読 コウ・ク 訓読 くち

ウ 訓と訓

黒 くろ 音読 コク 訓読 くろ・くろ(い)
潮 しお 音読 チョウ 訓読 しお

ア 音と音

系 ケイ 音読 ケイ 訓読 ―
統 トウ 音読 トウ 訓読 す(べる)高

エ 訓と音

関 せき 音読 カン 訓読 せき・かか(わる)
所 ショ 音読 ショ 訓読 ところ

ア 音と音

貯 チョ 音読 チョ 訓読 ―
蔵 ゾウ 音読 ゾウ 訓読 くら⊕

ア 音と音

諸 ショ 音読 ショ 訓読 ―
国 コク 音読 コク 訓読 くに

ア 音と音

誤 ゴ 音読 ゴ 訓読 あやま(る)
答 トウ 音読 トウ 訓読 こた(える)・こた(え)

ア 音と音

蒸 ジョウ 音読 ジョウ 訓読 む(す)⊕・む(れる)⊕・む(らす)⊕
発 ハツ 音読 ハツ・ホツ⊕ 訓読 ―

ア 音と音

納 ノウ 音読 ノウ・ナッ⊕・ナ高・ナン高・トウ⊕ 訓読 おさ(める)・おさ(まる)
入 ニュウ 音読 ニュウ 訓読 い(る)・い(れる)・はい(る)

イ 音と訓

軍 グン 音読 グン 訓読 ―
手 て 音読 シュ 訓読 て・た⊕

読み / 部首と部首名 / 画数 / 漢字と送りがな / 音と訓 / 四字の熟語 / 対義語・類義語 / 熟語作り / 熟語の構成 / 同じ読みの漢字 / 漢字

217

音と訓②

漢字の読みには**音**と**訓**があります。次の**熟語の読み**は□の中のどの組み合わせになっていますか。ア〜エの**記号**で答えなさい。

☐ **01** 政党

☐ **02** 株式

☐ **03** 場所

☐ **04** 疑問

☐ **05** 筋金

☐ **06** 縦笛

☐ **07** 値段

☐ **08** 土手

☐ **09** 明朗

☐ **10** 胸囲

ア	音と音
イ	音と訓
ウ	訓と訓
エ	訓と音

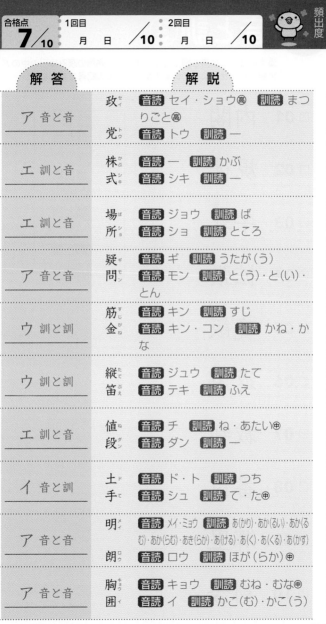

解 答	解 説
ア 音と音	政^{セイ} 音読 セイ・ショウ高 訓読 まつりごと高 党^{トウ} 音読 トウ 訓読 ―
エ 訓と音	株^{かぶ} 音読 ― 訓読 かぶ 式^{シキ} 音読 シキ 訓読 ―
エ 訓と音	場^ば 音読 ジョウ 訓読 ば 所^{ショ} 音読 ショ 訓読 ところ
ア 音と音	疑^ギ 音読 ギ 訓読 うたが(う) 問^{モン} 音読 モン 訓読 と(う)・と(い)・とん
ウ 訓と訓	筋^{すじ} 音読 キン 訓読 すじ 金^{かね} 音読 キン・コン 訓読 かね・かな
ウ 訓と訓	縦^{たて} 音読 ジュウ 訓読 たて 笛^{ふえ} 音読 テキ 訓読 ふえ
エ 訓と音	値^ね 音読 チ 訓読 ね・あたい⊕ 段^{ダン} 音読 ダン 訓読 ―
イ 音と訓	土^ド 音読 ド・ト 訓読 つち 手^て 音読 シュ 訓読 て・た⊕
ア 音と音	明^{メイ} 音読 メイ・ミョウ 訓読 あ(かり)・あか(るい)・あか(るむ)・あか(らむ)・あき(らか)・あ(ける)・あ(く)・あ(くる)・あ(かす) 朗^{ロウ} 音読 ロウ 訓読 ほが(らか)⊕
ア 音と音	胸^{キョウ} 音読 キョウ 訓読 むね・むな⊕ 囲^イ 音読 イ 訓読 かこ(む)・かこ(う)

音と訓③

漢字の読みには**音**と**訓**があります。次の**熟語の読み**は□の中のどの組み合わせになっていますか。ア〜エの**記号**で答えなさい。

☑ **01** 内閣

☑ **02** 規律

☑ **03** 牛乳

☑ **04** 拡張

☑ **05** 晩飯

☑ **06** 返済

☑ **07** 裁判

☑ **08** 番付

☑ **09** 郷里

☑ **10** 割合

ア	音と音
イ	音と訓
ウ	訓と訓
エ	訓と音

解 答 | 解 説

読み / 部首と部首名 / 画数 / 漢字とひらがな / 音と訓 / 四字の熟語 / 対義語類義語 / 熟語作り / 熟語の構成 / 同じ読みの漢字 / 漢字

解 答	解 説
ア 音と音	内_{ナイ} **音読** ナイ・ダイ⊕ **訓読** うち 閣_{カク} **音読** カク **訓読** ―
ア 音と音	規_キ **音読** キ **訓読** ― 律_{リツ} **音読** リツ・リチ⊛ **訓読** ―
ア 音と音	牛_{ギュウ} **音読** ギュウ **訓読** うし 乳_{ニュウ} **音読** ニュウ **訓読** ちち・ち⊕
ア 音と音	拡_{カク} **音読** カク **訓読** ― 張_{チョウ} **音読** チョウ **訓読** は(る)
イ 音と訓	晩_{バン} **音読** バン **訓読** ― 飯_{めし} **音読** ハン **訓読** めし
ア 音と音	返_{ヘン} **音読** ヘン **訓読** かえ(す)・かえ(る) 済_{サイ} **音読** サイ **訓読** す(む)・す(ます)
ア 音と音	裁_{サイ} **音読** サイ **訓読** た(つ)⊕・さば(く) 判_{バン} **音読** ハン・バン **訓読** ―
イ 音と訓	番_{バン} **音読** バン **訓読** ― 付_{ゴけ} **音読** フ **訓読** つ(ける)・つ(く)
ア 音と音	郷_{キョウ} **音読** キョウ・ゴウ⊕ **訓読** ― 里_リ **音読** リ **訓読** さと
ウ 訓と訓	割_{わり} **音読** カツ⊕ **訓読** わ(る)・わり・わ(れる)・さ(く)⊕ 合_{あい} **音読** ゴウ・ガッ・カッ **訓読** あ(う)・あ(わす)・あ(わせる)

漢字の読みには**音**と**訓**があります。次の**熟語の読み**は□の中のどの組み合わせになっていますか。ア～エの**記号**で答えなさい。

☑ **01** 同盟

☑ **02** 運賃

☑ **03** 並木

☑ **04** 推理

ア	音と音
イ	音と訓
ウ	訓と訓
エ	訓と音

☑ **05** 仏様

☑ **06** 定刻

☑ **07** 生卵

☑ **08** 宝船

☑ **09** 弱気

☑ **10** 首筋

合格点
7/10

1回目
月　日／10

2回目
月　日／10

頻出度
C

解　答	解　説
ア 音と音	同 ドゥ **音読** ドウ **訓読** おな(じ) 盟 メイ **音読** メイ **訓読** ―
ア 音と音	運 ウン **音読** ウン **訓読** はこ(ぶ) 賃 チン **音読** チン **訓読** ―
ウ 訓と訓	並 なみ **音読** ヘイ⊕ **訓読** なみ・なら(べる)・なら(ぶ)・なら(びに) 木 き **音読** ボク・モク **訓読** き・こ
ア 音と音	推 スイ **音読** スイ **訓読** お(す)⊕ 理 リ **音読** リ **訓読** ―
ウ 訓と訓	仏 ほとけ **音読** ブツ **訓読** ほとけ 様 さま **音読** ヨウ **訓読** さま
ア 音と音	定 テイ **音読** テイ・ジョウ **訓読** さだ(める)・さだ(まる)・さだ(か)⊛ 刻 コク **音読** コク **訓読** きざ(む)
ウ 訓と訓	生 なま **音読** セイ・ショウ **訓読** い(きる)・い(かす)・い(ける)・う(まれる)・う(む)・お(う)⊕・は(える)・は(やす)・き⊕・なま 卵 たまご **音読** ラン⊕ **訓読** たまご
ウ 訓と訓	宝 たから **音読** ホウ **訓読** たから 船 ふね **音読** セン **訓読** ふね・ふな
エ 訓と音	弱 よわ **音読** ジャク **訓読** よわ(い)・よわ(る)・よわ(まる)・よわ(める) 気 キ **音読** キ・ケ **訓読** ―
ウ 訓と訓	首 くび **音読** シュ **訓読** くび 筋 すじ **音読** キン **訓読** すじ

次の**カタカナ**を漢字になおし、**一字だけ**答えなさい。

□ **01** 安全ソウ置

□ **02** 価チ判断

□ **03** 精ミツ機械

□ **04** 反シャ神経

□ **05** 政治改カク

□ **06** 公シュウ電話

□ **07** 時間ゲン守

□ **08** キ険信号

□ **09** ヨッ求不満

□ **10** 書留ユウ便

解答　　解説

安全装置（あんぜんそうち）
不注意などにより、危険が生じないようにするそう置。

価値判断（かちはんだん）
ある事柄のねうちを評価すること。

精密機械（せいみつきかい）
時計・カメラなどのように、精みつでくるいがないようにつくられた機械のこと。

反射神経（はんしゃしんけい）
なんらかの刺激に対して瞬間的に反応する能力。

政治改革（せいじかいかく）
政治の仕組みを大きくかえること。

公衆電話（こうしゅうでんわ）
町かどや店頭にある、料金をはらえばだれでもつかえる電話。

時間厳守（じかんげんしゅ）
時間をきびしくまもること。
出例 厳正中立（げんせいちゅうりつ）

危険信号（きけんしんごう）
事故のき険を知らせるための信号。健康・経済などがき険な状態になる前ぶれ。

欲求不満（よっきゅうふまん）
求める思いが満たされず楽しくない様子。

書留郵便（かきとめゆうびん）
ゆう便局の記録にのこし、まちがいなくとどくようにした特別なゆう便。

225

次の**カタカナ**を漢字になおし、**一字だけ**答えなさい。

☑ **01** 南極タン検

☑ **02** 宇チュウ開発

☑ **03** 非常階ダン

☑ **04** セン業農家

☑ **05** ソウ立記念

☑ **06** キン務時間

☑ **07** 体ソウ競技

☑ **08** 人間国ホウ

☑ **09** 地下資ゲン

☑ **10** 防災対サク

解　答	解　説
南極探検 （なんきょくたんけん）	南極へ行っていろいろと調べること。
宇宙開発 （うちゅうかいはつ）	宇ちゅう空間を人間生活のために役立たせようとする活動。 出例 「宇」も問われる
非常階段 （ひじょうかいだん）	火事や地震などの非常時につかう階だん。
専業農家 （せんぎょうのうか）	農業だけで生計をたてている農家。
創立記念 （そうりつきねん）	学校などが初めて設立されたことを思い出すための日時や行事。
勤務時間 （きんむじかん）	働く時間。
体操競技 （たいそうきょうぎ）	素手または鉄棒、あん馬などの器具を利用して、体を動かす技術や美しさを競う競技のこと。
人間国宝 （にんげんこくほう）	重要無形文化財の保持者として認定された人。
地下資源 （ちかしげん）	地下にある天然の産物。
防災対策 （ぼうさいたいさく）	災害を防止するための方法・手段。

読み　部首と部首名　画数　漢字と送りがな　音と訓　四字の熟語　対義語・類義語　熟語作り　熟語の構成　同じ読みの漢字　漢字

次の**カタカナ**を漢字になおし、**一字だけ**答えなさい。

☑ **01** 人気絶チョウ

☑ **02** 主ケン在民

☑ **03** 議ロン百出

☑ **04** キョウ土料理

☑ **05** 検トウ課題

☑ **06** コク物倉庫

☑ **07** 水玉モ様

☑ **08** 人員点コ

☑ **09** 通学区イキ

☑ **10** 安全セン言

解　答	解　説
<ruby>人<rt>にん</rt></ruby><ruby>気<rt>き</rt></ruby><ruby>絶<rt>ぜっ</rt></ruby><ruby>頂<rt>ちょう</rt></ruby>	人気がもっともある状態。
<ruby>主<rt>しゅ</rt></ruby><ruby>権<rt>けん</rt></ruby><ruby>在<rt>ざい</rt></ruby><ruby>民<rt>みん</rt></ruby>	国の主けんが国民にあるということ。
<ruby>議<rt>ぎ</rt></ruby><ruby>論<rt>ろん</rt></ruby><ruby>百<rt>ひゃく</rt></ruby><ruby>出<rt>しゅつ</rt></ruby>	次々にいろいろな意見が出ること。
<ruby>郷<rt>きょう</rt></ruby><ruby>土<rt>ど</rt></ruby><ruby>料<rt>りょう</rt></ruby><ruby>理<rt>り</rt></ruby>	地域固有の材料を使った特有の料理。
<ruby>検<rt>けん</rt></ruby><ruby>討<rt>とう</rt></ruby><ruby>課<rt>か</rt></ruby><ruby>題<rt>だい</rt></ruby>	よく調べ考える問題。 出例 政治討論／党首討論
<ruby>穀<rt>こく</rt></ruby><ruby>物<rt>もつ</rt></ruby><ruby>倉<rt>そう</rt></ruby><ruby>庫<rt>こ</rt></ruby>	米や麦などの食糧をしまっておく場所のこと。 出例 穀倉地帯
<ruby>水<rt>みず</rt></ruby><ruby>玉<rt>たま</rt></ruby><ruby>模<rt>も</rt></ruby><ruby>様<rt>よう</rt></ruby>	小さな丸い形をちらしたようなもよう。 出例 規模拡大／人体模型
<ruby>人<rt>じん</rt></ruby><ruby>員<rt>いん</rt></ruby><ruby>点<rt>てん</rt></ruby><ruby>呼<rt>こ</rt></ruby>	一人ずつ名前をよび、人の数がそろっているかしらべること。
<ruby>通<rt>つう</rt></ruby><ruby>学<rt>がく</rt></ruby><ruby>区<rt>く</rt></ruby><ruby>域<rt>いき</rt></ruby>	地いきによって定められた学校に通学するための区切られた範囲。
<ruby>安<rt>あん</rt></ruby><ruby>全<rt>ぜん</rt></ruby><ruby>宣<rt>せん</rt></ruby><ruby>言<rt>げん</rt></ruby>	危なくないと、世間に発表すること。

読み　部首と部首名　画数　漢字と送りがな　音と訓　四字の熟語　対義語・類義語　熟語作り　熟語の構成　同じ読みの漢字　漢字

次の**カタカナ**を漢字になおし、**一字だけ**答えなさい。

☑ **01** 公害対**サク**

☑ **02** 団体**ワリ**引

☑ **03** 鉄道**モ**型

☑ **04** **ユウ**便番号

☑ **05** 精**ミツ**検査

☑ **06** 温**ダン**前線

☑ **07** **ウ**宙飛行

☑ **08** 実験**ソウ**置

☑ **09** 自**コ**本位

☑ **10** 人**エコ**吸

解答 / 解説

公害対策（こうがいたいさく）
公害を防止するための方法・手段。
出例 失業対策

団体割引（だんたいわりびき）
大勢の人があつまることにより、料金を安くすること。
出例 割引料金

鉄道模型（てつどうもけい）
列車や機関車などの形に似せてつくったもの。

郵便番号（ゆうびんばんごう）
ゆう便局で行われる手紙などの仕分けを効率的に行うための番号。

精密検査（せいみつけんさ）
健康しん断などで異常が認められた場合、その詳細や具体的な原因などを確認するために行う検査。

温暖前線（おんだんぜんせん）
あたたかい空気が冷たい空気に乗り上げて進むときにできる前線。

宇宙飛行（うちゅうひこう）
う宙への旅行。世界各国でその研究と開発が行われている。
出例 「宙」も問われる

実験装置（じっけんそうち）
実験するために使うそう置。

自己本位（じこほんい）
何事も自分を中心に考えたり行ったりすること。

人工呼吸（じんこうこきゅう）
自力によるこ吸が困難な人に対し、人工的にこ吸を補助すること。
出例 「吸」も問われる

231

次の**カタカナ**を漢字になおし、**一字だけ**答えなさい。

☑ **01** 優先ザ席

☑ **02** 円形ゲキ場

☑ **03** 発車時コク

☑ **04** シュウ職活動

☑ **05** 児童ケン章

☑ **06** 記録エイ画

☑ **07** 臨時シュウ入

☑ **08** セイ人君子

☑ **09** 同時通ヤク

☑ **10** ジョ雪作業

解　答	解　説
優先座席 （ゆうせんざせき）	電車やバスなどの公共交通機関で、高齢者、体が不自由な人、妊婦など席が必要な人の席。**出例**「優」も問われる
円形劇場 （えんけいげきじょう）	舞台が円または半円の形になっている構造のげき場。
発車時刻 （はっしゃじこく）	電車やバスなどが出発する時間。 **出例** 集合時刻／一刻千金
就職活動 （しゅうしょくかつどう）	職業につくための活動。
児童憲章 （じどうけんしょう）	児童の人権を尊重し、その幸福をはかるために大人の守るべき事項を、国民の意見を反映して有識者が自主的に制定した道徳的規範。
記録映画 （きろくえいが）	過去の記録にもとづいて作られたえい画。
臨時収入 （りんじしゅうにゅう）	毎月の一定のしゅう入とは別に思いがけずに入ってくるしゅう入のこと。 **出例** 貿易収支
聖人君子 （せいじんくんし）	知識があり道徳を身につけた理想的な人物のこと。
同時通訳 （どうじつうやく）	話す人の発言を聞きながら、ほぼ同時に別の言語に通やくする方法。
除雪作業 （じょせつさぎょう）	道路や家に積もった雪をのぞく作業。 **出例** 加減乗除

読み　部首と部首名　画数　漢字と送りがな　音と訓　四字の熟語　対義語・類義語　熟語作り　熟語の構成　同じ読みの漢字　漢字

右の□内のひらがなを一度だけ使い、漢字**一字**に
直して□に入れ、**対義語・類義語**を作りなさい。

対義語

☑ 01 表側 ↔ □側

☑ 02 無視 ↔ □重

☑ 03 読者 ↔ □者

☑ 04 入院 ↔ □院

☑ 05 辞任 ↔ □任

類義語

☑ 06 改新 ＝ 改□

☑ 07 刊行 ＝ 出□

☑ 08 処理 ＝ 始□

☑ 09 同意 ＝ □成

☑ 10 討議 ＝ 議□

うら

かく

さん

しゅう

そん

たい

ちょ

ぱん

まつ

ろん

解答	解説
裏側 うらがわ	表側：上または外側。 裏側：表側の反対のほう。うしろ側。
尊重 そんちょう	無視：実際にあってもないようにあつかうこと。問題にしないこと。 尊重：とうといものとしておもんじること。
著者 ちょしゃ	読者：本、新聞、雑誌などを読む人。 著者：その本をかきあらわした人。
退院 たいいん	入院：病気の治療で病院にはいること。 退院：病気がよくなり病院から出ること。
就任 しゅうにん	辞任：それまでの役目をやめること。 就任：仕事や役目に新しくつくこと。 出例 退任 ↔ 就任
改革 かいかく	改新：改めて新しくすること。 改革：不完全な部分をより良くすること。
出版 しゅっぱん	刊行：本などを制作して、売り出すこと。 出版：本などを制作して、売り出すこと。 出例 発行 ＝ 出版
始末 しまつ	処理：物事を決着させ、かたづけること。 始末：かたづけること。
賛成 さんせい	同意：他の人の意見などを良しとすること。同じ意見。同じ意味。 賛成：人の意見や提案に同意すること。
議論 ぎろん	討議：ある事柄について意見を述べ合うこと。 議論：たがいの考えや主張を述べ合うこと。また、その内容。

読み 部首と部首名 画数 漢字と送りがな 音と訓 四字の熟語 対義語・類義語 熟語作り 熟語の構成 同じ読みの漢字 漢字

対義語・類義語②

右の□内のひらがなを一度だけ使い、漢字**一字**に直して□に入れ、**対義語・類義語**を作りなさい。

対義語

☑ **01** 寒流 ↔ □流

☑ **02** 正常 ↔ □常

☑ **03** 死亡 ↔ □生

☑ **04** 制服 ↔ □服

☑ **05** 横長 ↔ □長

類義語

☑ **06** 着任 = □任

☑ **07** 努力 = □勉

☑ **08** 設立 = □立

☑ **09** 容易 = □単

☑ **10** 苦言 = □言

い
かん
きん
し
しゅう
そう
たて
たん
だん
ちゅう

解 答	解 説

読み / 部首と部首名 / 画数 / 漢字と送りがな / 音と訓 / 四字の熟語 / 対義語・類義語 / 熟語作り / 熟語の構成 / 同じ読みの漢字 / 漢字

暖流（だんりゅう）

寒流：つめたい海流。
暖流：あたたかい海流。

異常（いじょう）

正常：正しくふつうな様子。
異常：ふつうでないこと。

誕生（たんじょう）

死亡：しぬこと。
誕生：人が生まれること。物が新しくできること。

私服（しふく）

制服：学校や会社などで着るようにきめられたそろいの服。
私服：制服ではない自分がふだん着る服。

縦長（たてなが）

横長：横に長いこと。
縦長：たてに長いこと。

就任（しゅうにん）

着任：任地に到着すること。また、新しい任務につくこと。
就任：仕事や役目に新しくつくこと。

勤勉（きんべん）

努力：力をつくすこと。いっしょうけんめいにすること。
勤勉：仕事や勉強に、けんめいにはげむこと。
出例 実直 ＝ 勤勉

創立（そうりつ）

設立：会社や学校などの組織を新しく作ること。
創立：学校や組織などを初めてつくること。

簡単（かんたん）

容易：やさしい。手軽。
簡単：単純でおおざっぱなこと。

忠言（ちゅうげん）

苦言：言われた人にとってはつらいが、ためになる言葉。
忠言：真心をもって相手の欠点を注意すること。
出例 助言 ＝ 忠言

対義語・類義語③

右の□内のひらがなを一度だけ使い、漢字**一字**に直して□に入れ、**対義語・類義語**を作りなさい。

対義語

☑ **01** 公用 ↔ □用

☑ **02** 開幕 ↔ □幕

☑ **03** 子孫 ↔ □先

☑ **04** 他者 ↔ 自□

☑ **05** 成熟 ↔ □熟

類義語

☑ **06** 次週 = □週

☑ **07** 分野 = 領□

☑ **08** 役目 = □務

☑ **09** 出版 = □行

☑ **10** 最良 = 最□

いき
かん
こ
し
ぜん
そ
にん
へい
み
よく

238

解 答	解 説

私用（しよう）
公用（こうよう）：国や役所などの団体の公の仕事。
私用（しよう）：自分の用事。

閉幕（へいまく）
開幕（かいまく）：舞台の幕を開けること。始めること。
閉幕（へいまく）：舞台の幕をとじること。終わること。

祖先（そせん）
子孫（しそん）：血のつながりのある子や孫。
祖先（そせん）：その家系の生きている人たちより前代の人たち。

自己（じこ）
他者（たしゃ）：自分以外のもの。
自己（じこ）：自分。自身。

未熟（みじゅく）
成熟（せいじゅく）：果物や穀物が熟すること。人の体や精神などが十分に成長すること。
未熟（みじゅく）：学業や技術の習熟が十分でないこと。

翌週（よくしゅう）
次週（じしゅう）：現在の週から次の週。
翌週（よくしゅう）：現在の週からその次の週。

領域（りょういき）
分野（ぶんや）：区分されたそれぞれの部分。
領域（りょういき）：権限や能力などが及ぶ範囲。

任務（にんむ）
役目（やくめ）：役としてしなければならないつとめ。役割。
任務（にんむ）：果たすべき務め。役目。仕事。
出例 使命＝任務

刊行（かんこう）
出版（しゅっぱん）：本などを制作して、売り出すこと。
刊行（かんこう）：本などを制作して、売り出すこと。

最善（さいぜん）
最良（さいりょう）：いちばん良いこと。
最善（さいぜん）：できることの中でもっとも良いこと。

読み ／ 部首と部首名 ／ 画数 ／ 漢字と送りがな ／ 音と訓 ／ 四字の熟語 ／ 対義語・類義語 ／ 熟語作り ／ 熟語の構成 ／ 同じ読みの漢字 ／ 漢字

右の□内のひらがなを一度だけ使い、漢字**一字**に
直して□に入れ、**対義語・類義語**を作りなさい。

対義語

☑ 01 悲報 ↔ □報

☑ 02 保守 ↔ □新

☑ 03 同質 ↔ □質

☑ 04 正面 ↔ □面

☑ 05 開館 ↔ □館

類義語

☑ 06 設立 ＝ □設

☑ 07 重視 ＝ □重

☑ 08 批評 ＝ 批□

☑ 09 引退 ＝ 辞□

☑ 10 帰省 ＝ 帰□

い
かく
きょう
そう
そん
にん
はい
はん
へい
ろう

解 答	解 説
朗報 ろうほう	悲報：かなしく悪い知らせ。 朗報：うれしい知らせ。
革新 かくしん	保守：昔からのならわしを重んじて、守ろうとすること。 革新：古いやり方を新しくかえること。
異質 いしつ	同質：二つ以上のものの質が同じであること。また、そのさま。 異質：性質の違うさま。また、その性質。
背面 はいめん	正面：まっすぐ前。 背面：うしろ側。
閉館 へいかん	開館：図書館や映画館などが、その日の業務を始めること。 閉館：図書館や映画館などが、その日の業務を終えること。
創設 そうせつ	設立：会社や学校などの組織を新しく作ること。 創設：今までにない機関や制度を作ること。
尊重 そんちょう	重視：重くみること。 尊重：とうといものとしておもんじること。
批判 ひはん	批評：事物の是非や優劣、善悪などについて論じ、評価すること。 批判：物事の善悪や可否を批評し、はん定すること。
辞任 じにん	引退：現役からしりぞくこと。 辞任：それまでの役目をやめること。
帰郷 ききょう	帰省：年末年始などに生まれ育った場所に帰ること。 帰郷：生まれ育った場所に帰ること。

読み　部首と部首名　画数　漢字と送りがな　音と訓　四字の熟語　対義語・類義語　熟語作り　熟語の構成　同じ読みの漢字　漢字

熟語作り①

右の□の中から漢字を選んで、01〜05の意味にあてはまる**熟語**を作り、**記号**で答えなさい（06〜10も同様）。

☑ **01** 自分のなまえを書くこと。

☑ **02** 心をふるい立たせること。

☑ **03** かんたんでこみいっていないこと。

☑ **04** 持っている力をじゅうぶんに表すこと。

☑ **05** これから先。

ア 来	カ 奮
イ 発	キ 署
ウ 純	ク 将
エ 名	ケ 起
オ 揮	コ 単

☑ **06** 仕事や勉強などにはげむこと。

☑ **07** その本を書きあらわした人。

☑ **08** 山のいただきにのぼること。

☑ **09** 光が何かの物体に当たってはね返ること。

☑ **10** 大事なものとして重んじること。

ア 者	カ 重
イ 尊	キ 頂
ウ 勤	ク 射
エ 勉	ケ 登
オ 反	コ 著

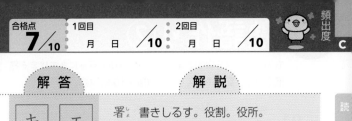

解　答	解　説
キ　エ	署（しょ） 書きしるす。役割。役所。 名（めい） なまえ。すぐれている。
カ　ケ	奮（ふん） ふるいたたせる。元気をだす。 起（き） おきあがる。仕事など活動を始める。おこり。
コ　ウ	単（たん） ただひとつ。こみいっていない。 純（じゅん） まじりけがない。ありのままでうそがない。かざらない。
イ　オ	発（はつ） はなつ。出かける。生じる。明らかにする。 揮（き） さしずする。ふりまわす。まきちらす。
ク　ア	将（しょう） 軍やチームをひきいる人。これから先。 来（らい） くる。そのときから。その先。これから先。
ウ　エ	勤（きん） つとめる。精を出す。 勉（べん） はげむ。つとめる。
コ　ア	著（ちょ） 本をかきあらわす。めだつ。 者（しゃ） 人をさす言葉。ある人。
ケ　キ	登（とう） のぼる。出かける。公の場へ行く。 頂（ちょう） いちばん高いところ。いただき。
オ　ク	反（はん） はねかえる。ひっくりかえる。 射（しゃ） 勢いよく出す。矢やたまを発しゃする。
イ　カ	尊（そん） とうとぶ。とうとい。敬意を表すことば。 重（ちょう） おもい。大事な。ひどい。かさねる。

読み　部首と部首名　画数　漢字と送りがな　音と訓　四字の熟語　対義語・類義語　熟語作り　熟語の構成　同じ読みの漢字　漢字

右の□の中から漢字を選んで、**01～05**の意味にあてはまる**熟語**を作り、**記号**で答えなさい（**06～10**も同様）。

☑ **01** 死んだ人が残していった財産。

☑ **02** 人にかくして知られないようにすること。

☑ **03** うそやごまかしのない心。

☑ **04** 並べて多くの人に見せること。

☑ **05** おたがい意見を述べ合うこと。

ア 遺	カ 展
イ 意	キ 秘
ウ 誠	ク 討
エ 論	ケ 密
オ 示	コ 産

☑ **06** 音楽をかなでること。

☑ **07** 物事の仕組みや構えの大きさ。

☑ **08** 国のいちばんの元になるきまり。

☑ **09** 心にけがれがない様子。

☑ **10** 決まった人だけが使うこと。

ア 演	カ 規
イ 法	キ 奏
ウ 真	ク 憲
エ 用	ケ 専
オ 純	コ 模

解答 / 解説

ア	コ	遺ぃ あとに残す。わすれる。すてる。 産ざん うむ。うまれる。作り出す。

キ	ケ	秘ひ かくす。人知のおよばない。通じない。 密みつ ひそかに。すきまがない。

ウ	イ	誠せい まこと。うそやごまかしのない。 意ぃ 気持ち。考える。い味。

カ	オ	展てん ならべる。広げる。広がる。 示じ しめす。わかるようにみせる。

ク	エ	討とう よく調べる。せめる。 論ろん 筋道を立ててのべる。意見。考え。言いあう。

ア	キ	演えん 技芸を行う。 奏そう かなでる。音を出す。

カ	コ	規き きまり。正しくする。 模も 手本。まねる。構えや大きさ。かたどる。

ク	イ	憲けん 元になるきまり。おきて。 法ほう 決まり。おきて。やり方。

オ	ウ	純じゅん まじりけがない。ありのままでうそがない。かざらない。 真しん まこと。まったくの。自然のまま。

ケ	エ	専せん そのことだけ。自分だけの物にする。 用よう 使う。役に立つ。必要な物。よう事。

次の熟語の**構成**は右の□の中のどれにあたるか、一つ選び、**記号**で答えなさい。

☑ **01** 収支

☑ **02** 死亡

☑ **03** 問答

☑ **04** 帰郷

☑ **05** 私用

☑ **06** 班長

☑ **07** 家賃

☑ **08** 降車

☑ **09** 除雪

☑ **10** 困難

ア 反対や対になる意味
　の字を組み合わせた
　もの
　（例＝**軽重**）

イ 同じような意味の字
　を組み合わせたもの
　（例＝**身体**）

ウ 前の字が後ろの字の
　意味を説明（修飾）
　しているもの
　（例＝**会員**）

エ 後ろの字から前の字
　へ返って読むと意味
　がよくわかるもの
　（例＝**着火**）

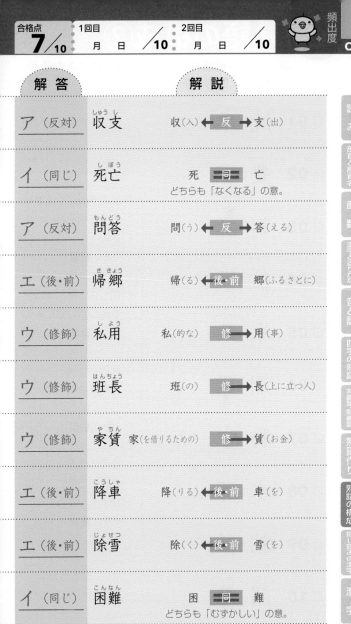

解答 / 解説

読み

ア（反対）　収支　　　収(入) ← 反 → 支(出)

イ（同じ）　死亡　　　死 ＝同＝ 亡
どちらも「なくなる」の意。

ア（反対）　問答　　　問(う) ← 反 → 答(える)

エ（後・前）　帰郷　　　帰(る) ← 後・前 郷(ふるさとに)

ウ（修飾）　私用　　　私(的な) 修 → 用(事)

ウ（修飾）　班長　　　班(の) 修 → 長(上に立つ人)

ウ（修飾）　家賃　　　家(を借りるための) 修 → 賃(お金)

エ（後・前）　降車　　　降(りる) ← 後・前 車(を)

エ（後・前）　除雪　　　除(く) ← 後・前 雪(を)

イ（同じ）　困難　　　困 ＝同＝ 難
どちらも「むずかしい」の意。

右端縦見出し：読み　部首と部首名　画数　漢字と送りがな　音と訓　四字の熟語　対義語・類義語　熟語作り　熟語の構成　同じ読みの漢字　漢字

熟語の構成②

次の熟語の**構成**は右の□の中のどれにあたるか、一つ選び、**記号**で答えなさい。

☑ **01** 洗車

☑ **02** 豊富

☑ **03** 朝晩

☑ **04** 往復

☑ **05** 永久

☑ **06** 潮風

☑ **07** 胸中

☑ **08** 水源

☑ **09** 就任

☑ **10** 閉幕

ア 反対や対(つい)になる意味
　の字を組み合わせた
　もの
　（例＝**軽重**）

イ 同じような意味の字
　を組み合わせたもの
　（例＝**身体**）

ウ 前の字が後ろの字の
　意味を説明（修飾(しょく)）
　しているもの
　（例＝**会員**）

エ 後ろの字から前の字
　へ返って読むと意味
　がよくわかるもの
　（例＝**着火**）

解答		解説
エ（後・前）	<ruby>洗車<rt>せんしゃ</rt></ruby>	洗（う）←後・前 車（を）
イ（同じ）	<ruby>豊富<rt>ほうふ</rt></ruby>	豊 ＝同＝ 富 どちらも「たくさんある」の意。
ア（反対）	<ruby>朝晩<rt>あさばん</rt></ruby>	朝 ←反→ 晩（夜）
ア（反対）	<ruby>往復<rt>おうふく</rt></ruby>	往（ゆく）←反→復（かえる）
イ（同じ）	<ruby>永久<rt>えいきゅう</rt></ruby>	永 ＝同＝ 久 どちらも「時間がとても長い」の意。
ウ（修飾）	<ruby>潮風<rt>しおかぜ</rt></ruby>	潮（海からふく）修→風
ウ（修飾）	<ruby>胸中<rt>きょうちゅう</rt></ruby>	胸（の）修→中（うち）
ウ（修飾）	<ruby>水源<rt>すいげん</rt></ruby>	水（川などの）修→源
エ（後・前）	<ruby>就任<rt>しゅうにん</rt></ruby>	就（く）←後・前 任（務に）
エ（後・前）	<ruby>閉幕<rt>へいまく</rt></ruby>	閉（じる）←後・前 幕（を）

読み　部首と部首名　画数　漢字と送りがな　音と訓　四字の熟語　対義語・類義語　熟語作り　熟語の構成　同じ読みの漢字　漢字

熟語の構成③

次の熟語の**構成**は右の□の中のどれにあたるか、
一つ選び、**記号**で答えなさい。

☑ **01** 乳 歯

☑ **02** 翌 日

☑ **03** 着 席

☑ **04** 破 損

☑ **05** 郷 里

☑ **06** 増 減

☑ **07** 納 税

☑ **08** 可 否

☑ **09** 挙 手

☑ **10** 半 熟

ア 反対や対(つい)になる意味
　の字を組み合わせた
　もの
　(例＝**軽重**)

イ 同じような意味の字
　を組み合わせたもの
　(例＝**身体**)

ウ 前の字が後ろの字の
　意味を説明(修飾(しょく))
　しているもの
　(例＝**会員**)

エ 後ろの字から前の字
　へ返って読むと意味
　がよくわかるもの
　(例＝**着火**)

解 答	解 説

読み

部首と部首名

画数

漢字と送りがな

音と訓

四字の熟語

対義語・類義語

熟語作り

熟語の構成

同じ読みの漢字

漢字

ウ（修飾） 乳歯 <ruby>乳<rt>にゅう</rt></ruby><ruby>歯<rt>し</rt></ruby>　乳（おさない子の）　修 → 歯

ウ（修飾） 翌日 <ruby>翌<rt>よく</rt></ruby><ruby>日<rt>じつ</rt></ruby>　翌（次の）　修 → 日

エ（後・前） 着席 <ruby>着<rt>ちゃく</rt></ruby><ruby>席<rt>せき</rt></ruby>　着（く）← 後・前　席（に）

イ（同じ） 破損 <ruby>破<rt>は</rt></ruby><ruby>損<rt>そん</rt></ruby>　破 ■同■ 損
どちらも「こわれる」の意。

イ（同じ） 郷里 <ruby>郷<rt>きょう</rt></ruby><ruby>里<rt>り</rt></ruby>　郷 ■同■ 里
どちらも「ふるさと」の意。

ア（反対） 増減 <ruby>増<rt>ぞう</rt></ruby><ruby>減<rt>げん</rt></ruby>　増（える）← 反 → 減（る）

エ（後・前） 納税 <ruby>納<rt>のう</rt></ruby><ruby>税<rt>ぜい</rt></ruby>　納（める）← 後・前　税（を）

ア（反対） 可否 <ruby>可<rt>か</rt></ruby><ruby>否<rt>ひ</rt></ruby>　可（決）← 反 → 否（決）

エ（後・前） 挙手 <ruby>挙<rt>きょ</rt></ruby><ruby>手<rt>しゅ</rt></ruby>　挙（げる）← 後・前　手（を）

ウ（修飾） 半熟 <ruby>半<rt>はん</rt></ruby><ruby>熟<rt>じゅく</rt></ruby>　半（分）　修 → 熟（している）

次の＿＿線の**カタカナ**を**漢字**になおしなさい。

☐ **01** その日の**サイ**終バスに間に合った。

☐ **02** 布を**サイ**断して作品を作る。

☐ **03** 木材を**カエ**して犬小屋を作る。

☐ **04** 洋服を定**カ**の一割引きで買った。

☐ **05** 学校の児童数は**ヤク**五百人です。

☐ **06** 源氏物語の現代語**ヤク**を読む。

☐ **07** 兄は学校の成績が**ヨ**い。

☐ **08** **ヨ**い行いが認められた。

☐ **09** 登山で方位**ジ**針を使う。

☐ **10** 卒業式で校長が祝**ジ**を述べる。

合格点
7/10

1回目
月　日　/10

2回目
月　日　/10

頻出度
C

解　答	解　説

最終（さいしゅう）
最終：物事のそこから先がないこと。
出例　細心／採集／災難

裁断（さいだん）
裁断：物をたち切ること。

加工（かこう）
加工：素材に手を加えて新しい物を作ること。
出例　河口／低下／短歌

定価（ていか）
定価：あらかじめ決められた品物の売り値。

約（やく）
約：およそ。

訳（やく）
訳：ある言葉を違う言葉にかえること。またはかえたもの。

良い（よい）
良い：好ましい。すぐれている。

善い（よい）
善い：正しい。望ましい。立派である。

磁針（じしん）
磁針：はり状のじ石。
出例　自信／支持／指示

祝辞（しゅくじ）
祝辞：祝うための言葉。

読み　部首と部首名　画　数　漢字と送りがな　音と訓　四字の熟語　対義語・類義語　熟語作り　熟語の構成　同じ読みの漢字　漢字

同じ読みの漢字②

次の＿＿線の**カタカナ**を**漢字**になおしなさい。

☑ **01** 強テキ相手に足がすくむ。

☑ **02** 健康を保つにはテキ度な運動が欠かせない。

☑ **03** 世界イ産に登録された場所をおとずれる。

☑ **04** 最大の難関だったが容イにクリアした。

☑ **05** 公園の前はヨウ児用の自転車でいっぱいだ。

☑ **06** 祖母は自宅で静ヨウしている。

☑ **07** 土ヒョウでは力士がしこをふんでいる。

☑ **08** ヒョウ判のよい店で食事をする。

☑ **09** 手術から一か月後にタイ院した。

☑ **10** 戦車部タイが活躍する映画を見る。

合格点
7/10

1回目
月　日 /10

2回目
月　日 /10

頻出度
C

解 答	解 説
強敵 きょうてき	強敵：手ごわい相手。
適度 てきど	適度：程度が良いこと。ほど良いこと。
遺産 いさん	遺産：死後に残した財産。先人が残した業績。 出例 異常／用意／方位
容易 よういい	容易：たやすいこと。やさしいこと。
幼児 ようじ	幼児：おさない子ども。満一歳から小学校に上がるまでの子ども。 出例 西洋／美容院
静養 せいよう	静養：健康を回復するために心身を休めること。
土俵 どひょう	土俵：すもうを行う場所。
評判 ひょうばん	評判：世間の人がその良し悪しなどについてひょう価すること。
退院 たいいん	退院：入院していた人が回復して病院を出ること。
部隊 ぶたい	部隊：軍たいの組織の一部。

読み

部首と部首名

画数

漢字と送りがな

音と訓

四字の熟語

対義語・類義語

熟語作り

熟語の構成

同じ読みの漢字

漢字

次の＿＿線の**カタカナ**を**漢字**になおしなさい。

☑ **01** 銀行で**ヨ**金を下ろす。

☑ **02** **ヨ**分なお金はまったくない。

☑ **03** 人工**エイ**星打ち上げの場面をテレビで見る。

☑ **04** 休日に友人と**エイ**画を見に行く。

☑ **05** 週末の天気予報が気象**チョウ**から発表された。

☑ **06** 他人の意見を尊**チョウ**する。

☑ **07** 運動会当日は**カイ**晴になった。

☑ **08** 内閣**カイ**造が行われた。

☑ **09** 大学の授業料を**オサ**める。

☑ **10** 警察官が暴動を**オサ**める。

解答	解説
預金（よきん）	預金：銀行などにお金をあずけること。
余分（よぶん）	余分：あまり。残り。予定より多いこと。
衛星（えいせい）	衛星：惑星（わく）の周りを回っている天体。
映画（えいが）	映画：えい像をえい写機でスクリーンにうつし出し、音声によって再現する表現手段。
気象庁（きしょうちょう）	気象庁（きしょうちょう）：全国の気象関係業務を行う日本の行政機関。 **出例** 山頂（さんちょう）／満潮（まんちょう）
尊重（そんちょう）	尊重（そんちょう）：価値のあるものとして大切に扱（あつか）うこと。
快晴（かいせい）	快晴（かいせい）：雲が見当たらないほど天気がよいこと。
改造（かいぞう）	改造（かいぞう）：組織や物などがよくなるようにつくり直すこと。
納める（おさ）	納める：わたすべき相手に金や物を納入する。 **出例** 収（おさ）める
治める（おさ）	治める（おさ）：乱れた状態をしずめる。

読み　部首と部首名　画数　漢字と送りがな　音と訓　四字の熟語　対義語・類義語　熟語作り　熟語の構成　同じ読みの漢字　漢字

次の___線の**カタカナ**を**漢字**になおしなさい。

☑ **01** 霧で**シカイ**が悪い。
きり

☑ **02** 新たな**カメイ**国を受け入れる。

☑ **03** **ソンケイ**する人物をたずねる。

☑ **04** **ジシャク**で砂鉄を集める。

☑ **05** 授業で**サトウ**の原料を習った。

☑ **06** **カンシュウ**が総立ちで拍手を送る。
はく

☑ **07** 二人は生活環境が**コト**なる。
かん

☑ **08** **キヌ**製品は手ざわりがよい。

☑ **09** 家の**ウラ**にある林で虫を捕まえる。
つか

☑ **10** 命が**チヂ**む思いがした。

読み / 部首と部首名 / 画数 / 漢字と送りがな / 音と訓 / 四字の熟語 / 対義語・類義語 / 熟語作り / 熟語の構成 / 同じ読みの漢字 / 漢字

解答 / 解説

視界（しかい）

視界：目に見える範囲。
出例 軽視／視察

加盟（かめい）

加盟：国家・団体・個人などが同じ目的のために団体にくわわること。

尊敬（そんけい）

尊敬：とうとびうやまうこと。偉いと思うこと。
出例 尊重

磁石（じしゃく）

磁石：鉄をひきつける性質をもつ物体。

砂糖（さとう）

砂糖：ショとうを主成分とする甘味調味料。
出例 砂鉄

観衆（かんしゅう）

観衆：スポーツやもよおし物などの多くの見物人。
出例 公衆

異なる（ことなる）

異なる：同じでない。ちがう。

絹（きぬ）

絹：カイコのまゆからとった糸。またはそのきぬ糸でつくった織物。
出例 絹糸

裏（うら）

裏：家のうしろ側。表面の反対側。
出例 裏庭

縮む（ちぢむ）

縮む：小さくなる。短くなる。
出例 縮まる／縮める

次の___線の**カタカナ**を**漢字**になおしなさい。

☑ **01** 制度が**カイカク**される。

☑ **02** **タンジュン**な模様の布地だ。

☑ **03** 玄(げん)関に**ソウリツ**者の銅像がある。

☑ **04** 世間の注目を集めた事件の**サイバン**が行われる。

☑ **05** 夏休みは**リンジ**列車を増発する。

☑ **06** 生徒間で活発な**ギロン**がかわされた。

☑ **07** **タテ**書きのノートを買う。

☑ **08** 混乱して判断を**アヤマ**った。

☑ **09** **イタ**るところに野草がある。

☑ **10** **イズミ**のほとりに花が咲(さ)いている。

解答	解説
改革 かいかく	改革：不完全な部分をより良くすること。
単純 たんじゅん	単純：こみ入ってないこと。 **出例** 純金 ✕短純／単準
創立 そうりつ	創立：学校や会社などを初めてつくること。 **出例** 創設／独創 ✕操立
裁判 さいばん	裁判：罪のあるなしを、法にもとづいてさばくこと。 **出例** 裁断／洋裁 ✕裁番
臨時 りんじ	臨時：決まったときでなく、必要なときに行うこと。
議論 ぎろん	議論：たがいの考えや主張を述べ合うこと。また、その内容。 **出例** 理論
縦 たて	縦：上から下へ、前からうしろへの方向や長さ。 **出例** 縦笛
誤った あやま	誤る：間違う。失敗する。
至る いた	至る：行き着く。 **豆**「至るところ」は、そこらじゅうの意味
泉 いずみ	泉：地中から自然にわき出る水、またはその場所。

読み / 部首と部首名 / 画数 / 漢字と送りがな / 音と訓 / 四字の熟語 / 対義語・類義語 / 熟語作り / 熟語の構成 / 同じ読みの漢字 / 漢字

次の＿＿＿線の**カタカナ**を**漢字**になおしなさい。

☑ **01** 孫の**タンジョウ**を喜ぶ。

☑ **02** 正しい**ケイゴ**の使い方を学ぶ。

☑ **03** 映画に**カンゲキ**して、涙を流す。

☑ **04** **ホウモン**介護の仕事をめざす。

☑ **05** 地面に**スイチョク**に棒を立てる。

☑ **06** 母は店の事務**ショリ**を手伝っている。

☑ **07** 雲の影が雪山に**ウツ**る。

☑ **08** 自由研究で**カイコ**を観察する。

☑ **09** 目的地は自宅から**カタミチ**で二時間かかる。

☑ **10** 十メートル先の的を**イ**る。

解 答	解 説

誕生 たんじょう

誕生：人が生まれること。

敬語 けいご

敬語：相手に対してけい意を表す言ご表現。
出例 敬老

感激 かんげき

感激：強く心を打たれて、気持ちがたかぶること。

訪問 ほうもん

訪問：人や家などをおとずれること。

垂直 すいちょく

垂直：ちょく線や平面がちょっ角に交わること。

処理 しょり

処理：問題を解決して始末をつけること。
出例 処分／処置

映る うつる

映る：物の形・光・影などが、ほかの物の表面に現れる。
出例 映す

蚕 かいこ

蚕：カイコガの幼虫。まゆを作り、そのまゆから絹糸をとる。

片道 かたみち

片道：行きまたは帰りのどちらか一方。
出例 片方／片／片側／片時

射る いる

射る：矢を放つこと。

263

次の___線の**カタカナ**を**漢字**になおしなさい。

☑ **01** <u>ユウラン</u>船で近くの海を周遊する。

☑ **02** <u>シキュウ</u>返事が欲しい。

☑ **03** 祖父は<u>シャクハチ</u>の名手である。

☑ **04** 神殿に<u>セイカ</u>がともる。

☑ **05** イタリアは地中海<u>エンガン</u>の国である。

☑ **06** 京都の寺院を<u>ハイカン</u>する。

☑ **07** 相手を<u>ウヤマ</u>う言葉を使う。

☑ **08** <u>ワタクシ</u>ごとで外出する。

☑ **09** 山の<u>イタダキ</u>には雪が残っている。

☑ **10** <u>シオ</u>の満ち引きの様子を記録する。

解 答	解 説
<ruby>遊覧<rt>ゆうらん</rt></ruby>	遊覧：見物して回ること。 **出例** 博覧
<ruby>至急<rt>しきゅう</rt></ruby>	至急：大変いそぐこと。
<ruby>尺八<rt>しゃくはち</rt></ruby>	尺八：竹でつくられた縦笛の一種。
<ruby>聖火<rt>せいか</rt></ruby>	聖火：神せいな火。オリンピックで競技場にともされる火。 ✕ 清火
<ruby>沿岸<rt>えんがん</rt></ruby>	沿岸：海や川などの水辺と陸地が接する部分。 **出例** 沿線
<ruby>拝観<rt>はいかん</rt></ruby>	拝観：神社や寺、その宝物などをつつしんで見ること。 **出例** 参拝／拝見
<ruby>敬う<rt>うやま</rt></ruby>	敬う：尊けいする。立派だと思う。
<ruby>私<rt>わたくし</rt></ruby>	私：自分。 （豆）「私ごと」は、自分だけに関係のあることの意
<ruby>頂<rt>いただき</rt></ruby>	頂：山などのいちばん高いところ。 **出例** 頂く
<ruby>潮<rt>しお</rt></ruby>	潮：太陽や月の引力の影響によって海面の水位が定期的に変化する現象のこと。 **出例** 黒潮／潮風／満潮

読み｜部首と部首名｜画数｜漢字と送りがな｜音と訓｜四字の熟語｜対義語・類義語｜熟語作り｜熟語の構成｜同じ読みの漢字｜漢字

次の＿＿線の**カタカナ**を**漢字**になおしなさい。

☑ **01** 太陽光が窓に**ハンシャ**してまぶしい。

☑ **02** 父は**トウブン**のとり過ぎに気をつけている。

☑ **03** **コンナン**に打ち勝って前進する。

☑ **04** 友人との間には二人だけの**ヒミツ**がある。

☑ **05** 身体測定で**キョウイ**は昨年と同じだった。

☑ **06** 入場**ケン**を買って会場に入る。

☑ **07** 私の**ツト**める会社は都会にある。

☑ **08** 称賛に**アタイ**する行動だ。
<small>しょう</small>

☑ **09** **ベニ**をさしたように顔が赤くなる。

☑ **10** お兄さんは教師の**タマゴ**だ。

解答　　　解説

解答	解説
反射 はんしゃ	反射：光や音などの波が伝わるとき、ある面ではね返る現象のこと。 **出例** 注射
糖分 とうぶん	糖分：食品などに含まれるとう類の成分。
困難 こんなん	困難：物事を実現するのがむずかしいこと。
秘密 ひみつ	秘密：他人に知られたり教えたりしないこと。 **出例** 秘蔵
胸囲 きょうい	胸囲：むねの周いの長さ、寸法。
券 けん	券：特定の条件などを表示した紙片。 **出例** 招待券
勤める つとめる	勤める：役所や会社などにやとわれて働く。
値 あたい	値：ねうち。価ち。
紅 べに	紅：ベニバナからとった顔料。 **出例** 紅色／口紅／紅花
卵 たまご	卵：まだ一人前ではない人。鳥や魚、虫などのメスが産む、からやまくに包まれた球形のもの。

次の___線の**カタカナ**を**漢字**になおしなさい。

☑ **01** 通信制限がようやく**カイジョ**された。

☑ **02** 父は特定の**セイトウ**を支持している。

☑ **03** **コクモツ**の品種改良に取り組んでいる。

☑ **04** 駅前の百貨店が**ヘイテン**した。

☑ **05** 停電で交通機関が**コンラン**する。

☑ **06** **ジコ**満足していたことを反省する。

☑ **07** 先祖の墓に花を**ソナ**える。

☑ **08** 種をまく**アナ**をほる。

☑ **09** 牧場で牛の**チチ**をしぼる。

☑ **10** 公平に罪を**サバ**く。

合格点
7/10

1回目
月　日　/**10**

2回目
月　日　/**10**

頻出度
C

解　答　　　　　　　解　説

読み
部首と部首名
画数
漢字と送りがな
音と訓
四字の熟語
対義語・類義語
熟語作り
熟語の構成
同じ読みの漢字
漢字

解答	解説
かいじょ 解除	かいじょ 解除：当事者間の制限などをなくして元の 状態にもどすこと。
せいとう 政党	せいとう 政党：有権者に示したせい策を実現しよう とする集団。
こくもつ 穀物	こくもつ 穀物：米、小麦、とうもろこしなどを主体 として種子を食用とするもの。
へいてん 閉店	へいてん 閉店：営業をやめて店をしめること。 **出例** 閉幕 <small>へいまく</small>
こんらん 混乱	こんらん 混乱：物事が入りまじって、整理がつかな くなること。 **出例** 散乱／乱雑 <small>さんらん　らんざつ</small>
じこ 自己	じこ 自己：じ分じ身。
そな 供える	そな 供える：神仏にそなえること。また、その品。
あな 穴	あな 穴：くぼんだところ、または中があいて突 き抜けているところ。
ちち 乳	ちち 乳：母にゅう。ちぶさ。ちのみご。
さば 裁く	さば 裁く：善悪・理非を明らかにする。さい判 する。

模擬試験問題
もぎ

/20
1 × 20

（一） 次の――線の**漢字の読み**をひらがな
で記せ。

1 水玉模様のシャツを着る。（　　）

2 パソコンの操作がわからない。（　　）

3 子どもは私たちの宝だ。（　　）

4 やかんから水蒸気が出ている。（　　）

5 先生が深刻な顔をしている。（　　）

6 京都の古い寺を訪ねる。（　　）

7 穴があったら入りたい。（　　）

8 仕事に対する姿勢を見習う。（　　）

9 幼いころイギリスに住んでいた。（　　）

10 かんづめは長期保存が可能だ。（　　）

11 かくし味に砂糖を入れる。（　　）

12 灰色の雲が空に広がる。（　　）

制限時間 **60** 分

合格点 **140** 点

得点

/200

解答はP.311
［巻末9］

［巻末 1］

319

13 鏡に映る自分の顔を見る。（　）（　）

14 アフリカ諸国の首脳が会合を開く。（　）（　）

15 訳もなくなみだが流れる。（　）（　）

16 弟の好物は卵焼きだ。（　）（　）

17 年末に障子をはりかえる。（　）（　）

18 学生時代に机を並べた友と再会する。（　）（　）

19 背景にいる人物が判明した。（　）（　）

20 面倒な仕事を先に済ます。（　）（　）

(二) 次の漢字の**部首**と**部首名**を後ろの □ の中から選び、**記号**で答えなさい。

／10

1 × 10

〈例〉 空 部首 ［あ］ 部首名 （ ク ）

憲　部首 1 ［　］　部首名 2 （　）

暮　部首 3 ［　］　部首名 4 （　）

肺　部首 5 ［　］　部首名 6 （　）

署　部首 7 ［　］　部首名 8 （　）

窓　部首 9 ［　］　部首名 10 （　）

あ	い	う	え	お	か	き	く	け	こ
穴	艹	土	日	心	宀	罒	月	大	

ア だい　イ ひ　ウ にくづき　エ くさかんむり
オ あみがしら・あみめ・よこめ　カ うかんむり　キ つち
ク あなかんむり　ケ なべぶた・けいさんかんむり　コ こころ

318　　　［巻末 2 ］

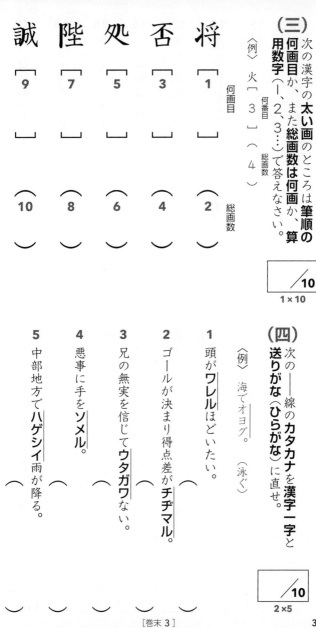

（三）次の漢字の**太い画**のところは**筆順**の何画目か、また**総画数は何画**か、算用数字（一、2、3…）で答えなさい。

〈例〉火 ［ 3 ］ （ 4 ）
　　　　　　何番目　　総画数

	何画目		総画数
将	1 ［　　］	2 （　　）
否	3 ［　　］	4 （　　）
処	5 ［　　］	6 （　　）
陛	7 ［　　］	8 （　　）
誠	9 ［　　］	10 （　　）

/10
1 × 10

（四）次の——線の**カタカナ**を**漢字一字**と**送りがな（ひらがな）**に直せ。

〈例〉海でオヨグ。（泳ぐ）

1 頭が**ワレル**ほどいたい。（　　　）

2 ゴールが決まり得点差が**チヂマル**。（　　　）

3 兄の無実を信じて**ウタガワ**ない。（　　　）

4 悪事に手を**ソメル**。（　　　）

5 中部地方で**ハゲシイ**雨が降る。（　　　）

/10
2 ×5

［巻末 3 ］　　　317

（五）

漢字の読みには**音と訓**があります。次の**熟語の読み**は□の中のどの組み合わせになっていますか。ア～エの**記号**で答えなさい。

ア 音と音　イ 音と訓　ウ 訓と訓　エ 訓と音

2×10　/20

1 派手（　　）
2 縦糸（　　）
3 絹地（　　）
4 看護（　　）
5 幕内（　　）

6 規律（　　）
7 相棒（　　）
8 若葉（　　）
9 裏作（　　）
10 筋道（　　）

（六）

次の**カタカナ**を**漢字**になおし、一字だけ書きなさい。

2×10　/20

1 文化イ産
2 独立セン言
3 公害対サク
4 カブ式会社
5 シン小棒大
6 器楽合ソウ
7 速達ユウ便
8 三ケン分立
9 永久ジ石
10 公シュウ衛生

（　　）（　　）（　　）（　　）（　　）（　　）（　　）（　　）（　　）（　　）

下の□の中のひらがなを漢字になおして、**対義語**（意味が反対や対になることば）を書きなさいと、**類義語**（意味がよくにたことば）を書きなさい。□の中のひらがなは**一度だけ**使い、**漢字一字**を書きなさい。

□ ／20
2×10

い	か	た	きん	そん	たく
つう	ね	ぼう	めい	りん	

対義語

1 通常 — □時（　）

2 誕生 — 死□（　）

3 両方 — □方（　）

4 外出 — 帰□（　）

5 快楽 — 苦□（　）

類義語

6 加入 — 加□（　）

7 反対 — □議（　）

8 重視 — □重（　）

9 価格 — □段（　）

10 努力 — □勉（　）

(八)

後の□の中から漢字を選んで、次の□の意味に当てはまる熟語を作りなさい。答えは記号で書きなさい。

/10
2×5

〈例〉 本を書きあらわした人（著者）（シ・サ）

1 物をたくわえてしまっておくこと。（　・　）

2 とてもいそぐこと。（　・　）

3 不正をゆるさずきびしいようす。（　・　）

4 明るいよい知らせ。（　・　）

5 新しいものをつくりだすこと。（　・　）

ア 厳　イ 作　ウ 急　エ 格　オ 貯　カ 報
キ 朗　ク 蔵　ケ 創　コ 至　サ 者　シ 著

(九)

漢字を二字組み合わせた熟語では、二つの漢字の間に意味の上で、次のような関係があります。

/20
2×10

ア 反対や対になる意味の字を組み合わせたもの（軽重）
イ 同じような意味の字を組み合わせたもの（身体）
ウ 上の字が下の字の意味を説明（修飾）しているもの（会員）
エ 下の字から上の字へ返って読むと意味がよくわかるもの（着火）

次の熟語は、右のア〜エのどれにあたるか、記号で答えなさい。

1 除去（　）

2 困苦（　）

3 順延（　）

4 干満（　）

5 敬老（　）

6 帰宅（　）

7 自己（　）

8 歌詞（　）

9 養蚕（　）

10 正誤（　）

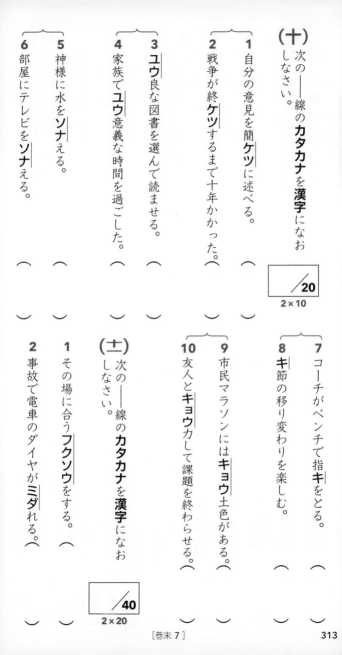

（十）次の――線の**カタカナ**を**漢字**になおしなさい。

/20
2×10

1 自分の意見を簡**ケツ**に述べる。（　）

2 戦争が終**ケツ**するまで十年かかった。（　）

3 **ユウ**良な図書を選んで読ませる。（　）

4 家族で**ユウ**意義な時間を過ごした。（　）

5 神様に水を**ソナ**える。（　）

6 部屋にテレビを**ソナ**える。（　）

7 コーチがベンチで指**キ**をとる。（　）

8 **キ**節の移り変わりを楽しむ。（　）

9 市民マラソンには**キョウ**土色がある。（　）

10 友人と**キョウ**力して課題を終わらせる。（　）

（土）次の――線の**カタカナ**を**漢字**になおしなさい。

/40
2×20

1 その場に合う**フクソウ**をする。（　）

2 事故で電車のダイヤが**ミダ**れる。（　）

3 **オンセン**へ行き疲れをいやす。（　　）

4 皿の**マイスウ**をかぞえる。（　　）

5 夢は**ウチュウ**飛行士になることだ。（　　）

6 喜びで**ムネ**をふくらませる。（　　）

7 雨上がりに葉からしずくが**タ**れる。（　　）

8 店頭に人が**ミッシュウ**している。（　　）

9 すぎたことは**ワス**れるたちだ。（　　）

10 公開**トウロン**会に出席する。（　　）

11 税制**カイカク**に本格的に取り組む。（　　）

12 車を**アラ**う手伝いをする。（　　）

13 人の血を**ス**う虫に注意。（　　）

14 多くの**キケン**に直面している。（　　）

15 料理を**モ**る食器を用意する。（　　）

16 **シオ**の流れで魚の動きが変わる。（　　）

17 サッカーを観戦して**コウフン**する。（　　）

18 何かと**コマ**ることが多い。（　　）

19 **ザセキ**に着き、静かに待つ。（　　）

20 見事なできばえに舌を**マ**く。（　　）

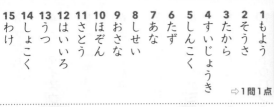

（一）読み
⇨1問1点

1 もよう
2 そうさ
3 たから
4 すいじょうき
5 しんこく
6 たず
7 あな
8 しせい
9 おさな
10 ほぞん
11 さとう
12 はいいろ
13 うつ
14 しょこく
15 わけ
16 たまご
17 しょうじ
18 つくえ
19 はいけい
20 す

（二）部首と部首名
⇨1問1点

1 お
2 コ
3 え
4 イ
5 け
6 ウ
7 く
8 オ
9 あ
10 ク

（三）画数

1 3
2 10
3 3
4 7

（四）漢字と送りがな
⇨1問2点

1 割れる
2 縮まる
3 疑わ
4 染める
5 激しい

（五）音と訓
⇨1問2点

1 イ
2 ウ
3 エ
4 ア
5 イ
6 ア
7 エ
8 ウ
9 エ
10 ウ

（六）四字の熟語
⇨1問2点

1 遺
2 宣
3 策
4 株
5 針
6 奏
7 郵
8 権
9 磁
10 衆

（七）対義語・類義語
⇨1問2点

1 臨
2 亡
3 片
4 宅
5 痛
6 盟
7 異
8 尊
9 値
10 勤

（八）熟語作り
⇨1問2点

1 オ・ク
2 コ・ウ

（九）熟語の構成
⇨1問2点

1 イ
2 イ
3 ウ
4 ア
5 エ
6 エ
7 ウ
8 エ
9 エ
10 ア

（十）同じ読みの漢字
⇨1問2点

1 潔
2 結
3 優
4 有
5 供
6 備
7 揮
8 季
9 郷
10 協

3 ア・エ
4 キ・カ
5 ケ・イ

（十一）書き取り
⇨1問2点

1 服装
2 乱
3 温泉
4 枚数
5 宇宙
6 胸
7 垂
8 密集
9 忘
10 討論
11 改革
12 洗
13 吸
14 危険
15 盛
16 潮
17 興奮
18 困
19 座席
20 巻

5級配当漢字表

191字

漢字検定5級では、この「5級配当漢字」が非常に重要です。漢字のはね、とめ、点のあるなし、筆順などをしっかりとおぼえましょう。

表の見方

画数 17 ― 漢字は五十音順に並んでいます

漢字 厳

訓読み 訓 ( )内は送りがな

音読み 音 [ゲン] [ゴン]㊫ [きび(しい)] [おごそ(か)]㊥

㊫は高校で習う読み、㊥は中学校で習う読み。４級以上で出題される読みです。

部首と部首名 ⺍ つかんむり

用例・出題例

読 厳重（げんじゅう） 書 厳禁（げんきん） 四 時間厳守（じかんげんしゅ）・厳正中立（げんせいちゅうりつ）

送 きびしい▼厳しい

読は「読み」、書は「書き取り」、四は「四字熟語」、送は「送りがな」に関連したもの

赤シートをかけながらチェックしてみましょう

筆順

厳 厳 厳 厳 厳 厳 厳 厳 厳 厳 厳 厳 厳 厳 厳 厳 厳

筆順を示しています。濃（こ）い色で書かれた所は各筆順をあらわしており、薄（うす）い所はすでに書かれた筆順をあらわしています。

8	9 エ	6 ウ	11	15	11	9 イ
延	映	宇	域	遺	異	胃

延（8）

音［エン］
訓［の（びる）／の（べる）／の（ばす）］

えんにょう　廴

読　順延
書　延期・延長
四　雨天順延・期
間延長・時間延長
送　のびる▼延びる

映（9 エ）

音［エイ］
訓［うつ（す）／うつ（る）／は（える）］⊕

ひへん　日

読　放映
書　映像・映画・映す・反映
四　記録映画
送　うつる▼映る

宇（6 ウ）

音［ウ］

うかんむり　宀

書　宇宙
四　宇宙飛行・宇宙旅行・宇宙遊泳・宇宙開発・宇宙空間

域（11）

音［イキ］

つちへん　土

読　領域・海域
書　地域・区域・流域
四　地域社会・通学区域・工業地域

遺（15）

音［イ／ユイ］⊕

しんにょう／しんにゅう　辶

読　遺品・遺志・遺伝
書　遺産
四　世界遺産・文化遺産・自然遺産
読　遺作・遺伝

異（11）

音［イ］
訓［こと］

た　田

読　異論
書　異国
四　大同小異・異口同音・天変地異
送　ことなる▼異なる

胃（9 イ）

音［イ］

にく　肉

読　胃腸
書　胃腸

14	9	8	6	7 カ	10 オ	8
閣	革	拡	灰	我	恩	沿
音[カク]	訓[かわ]⊕ 音[カク]	音[カク]	訓[はい]⊕ 音[カイ]⊕	訓[われ]⊕ [わ]⊕ 音[ガ]	音[オン]	訓[そ(う)] 音[エン]
門 もんがまえ	革 かくのかわ つくりのかわ	扌 てへん	火 ひ	戈 ほこづくり ほこがまえ	心 こころ	氵 さんずい
読 仏閣・閣議 書 内閣・天守閣	読 沿革・革命 書 改革 四 技術革新・教育改	読 拡大・拡散 書 拡張 四 拡張工事・規模拡大	読 灰皿 書 灰・灰色	読 我流 書 我に返る	読 恩人・恩返し 書 恩師	読 沿道・沿革・川沿い 書 沿う・沿岸・沿線 四 沿岸漁業

危	簡	看	巻	干	株	割

危（6 キ）
音[キ]
訓[あぶ(ない)][あや(うい)][あや(ぶむ)]⊕
ふしづくり 巳
書 危険（きけん）
四 危急存亡（ききゅうそんぼう）・危険信号（きけんしんごう）
送 あぶない▶危ない

簡（18）
音[カン]
たけかんむり ャケ
書 読 簡便（かんべん）
書 簡潔（かんけつ）・簡単（かんたん）・簡略（かんりゃく）

看（9）
音[カン]
目 め
四 書 看板（かんばん）
読 看護（かんご）・看病（かんびょう）
書 完全看護（かんぜんかんご）

巻（9）
音[カン] 訓[ま(く)][まき]
ふしづくり 巳 わりふ
書 巻く（まく）
読 巻頭（かんとう）
書 巻末（かんまつ）・絵巻（えまき）

干（3）
音[カン] 訓[ほ(す)][ひ(る)]⊕
干 いちじゅう かん
書 物干し（ものほし）
読 干潮（かんちょう）・干す（ほす）

株（10）
訓[かぶ]
きへん 木
四 書 株式会社（かぶしきがいしゃ）
読 切り株（かぶ）

割（12）
音[カツ]⊕ [わり]
訓[わ(る)][わ(れる)][さ(く)]⊕
りっとう リ
四 読 役割（やくわり）・割合（わりあい）
書 割引（わりびき）
四 団体割引（だんたいわりびき）・割引料金（わりびきりょうきん）
送 われる▶割れる

10	8	6	14	12	12	6
胸	**供**	**吸**	**疑**	**貴**	**揮**	**机**
音「キョウ」 訓「むね」「むな」⊕	音「キョウ」「ク」(高) 訓「そな(える)」「とも」⊕	音「キュウ」 訓「す(う)」	音「ギ」 訓「うたが(う)」	音「キ」 訓「たっと(い)」⊕「たっと(ぶ)」⊕「とうと(い)」⊕「とうと(ぶ)」⊕	音「キ」	音「キ」⊕ 訓「つくえ」
月 にくづき	イ にんべん	口 くちへん	疋 ひき	貝 かい・こがい	扌 てへん	木 きへん
読：胸部 書：胸・胸囲	読：提供 四：情報提供 送：そなえる▼供える	書：吸う・呼吸・吸収 四：消化吸収・腹式呼吸・酸素吸入・人工呼	読：質疑・疑い 四：半信半疑・質疑応答 書：疑問 送：うたがう▼疑う	読：貴族 書：貴重	書：指揮・発揮 四：実力発揮	読：机上の空論 書：机

胸胸胸胸胸胸胸　供供供供供供　吸吸吸吸　疑疑疑疑疑疑疑　貴貴貴貴貴貴貴　揮揮揮揮揮揮揮　机机机机机机机

15	19	12	7 ケ	12	12	11
劇	警	敬	系	筋	勤	郷

郷 （11）
音［キョウ］［コウ⊕］
部首 おおざと 阝
四 読 故郷
書 郷里・郷土
郷土芸能・郷土料理

勤 （12）
音［キン］［ゴン⊕］
訓［つとめる］［つとまる］
部首 ちから 力
書 勤務・出勤・通勤
送 つとめる▼勤める
四 勤務時間・勤続年

筋 （12）
音［キン］
訓［すじ］
部首 たけかんむり ⺮
読 筋力・道筋・鉄筋・川筋
書 筋を通す・筋肉・筋骨・首筋・背筋

系 （7 ケ）
音［ケイ］
部首 いと 糸
読 系統・直系・系図
書 太陽系

敬 （12）
音［ケイ］
訓［うやま（う）］
部首 ぼくづくり のぶん 攵
読 敬老会
書 尊敬・敬語・敬老
送 うやまう▼敬う

警 （19）
音［ケイ］
部首 げん 言
読 警護・警官・警備体制
書 警察・警備・警報
四 暴風警報

劇 （15）
音［ゲキ］
部首 りっとう 刂
読 歌劇・劇場・寸劇
書 劇・演劇・悲劇
四 円形劇場・野外劇場

13	16	15	13	8	5	16
源	憲	権	絹	券	穴	激
音[ゲン] 訓[みなもと]	音[ケン]	音[ケン][ゴン⾼]	音[ケン⾼] 訓[きぬ]	音[ケン]	音[ケツ⊕] 訓[あな]	音[ゲキ] 訓[はげ(しい)]
さんずい ⺡	こころ 心	きへん 木	いとへん 糸	かたな 刀	あな 穴	さんずい ⺡
読 起源・源流・源泉 書 資源・源・電源 四 天然資源・地下資源・水産資源・森林資源	読 憲章・立憲 書 憲法 四 児童憲章	読 人権・実権・主権 書 権利 四 人権尊重・国民主権・主権在民・三権分立・地方分権・人権宣言	読 絹織物 書 絹・絹糸	読 旅券・定期券 書 食券・招待券	読 穴場 書 墓穴・穴・巣穴	読 急激・激戦 書 感激 送 はげしい▶激しい

源 源 源 源 源 源 源 源 源

憲 憲 憲 憲 憲 憲 憲 憲 憲

権 権 権 権 権 権 権 権 権

絹 絹 絹 絹 絹 絹 絹

券 券 券 券 券 券

穴 穴 穴 穴 穴

激 激 激 激 激 激 激 激 激 激 激

厳（17）
音 [ゲン][ゴン]⾼
訓 [きび(しい)][おごそ(か)]⊕
⺍ つかんむり
送 読 きびしい▼厳しい
書 厳重（げんじゅう）・厳禁（げんきん）
四 時間厳守（じかんげんしゅ）・厳正中立（げんせいちゅうりつ）

己（3）②
音 [コ][キ]⊕
訓 [おのれ]⊕
己 おのれ
読 利己（りこ）
書 自己（じこ）
四 自己負担（じこふたん）・自己満（じこまん）
足・自己本位（じこほんい）・自己反省（じこはんせい）・自己主張（じこしゅちょう）

呼（8）
音 [コ]
訓 [よぶ]
口 くちへん
読 点呼（てんこ）
書 呼ぶ・呼吸（こきゅう）
四 人員点呼（じんいんてんこ）・人工呼吸（じんこうこきゅう）・腹式呼吸（ふくしきこきゅう）

誤（14）
音 [ゴ]
訓 [あやま(る)]
言 ごんべん
読 見誤る（みあやまる）・誤字（ごじ）
送 あやまる▼誤る
書 誤解（ごかい）

后（6）
音 [コウ]
口 くち
書 皇后（こうごう）

孝（7）
音 [コウ]
子 こ
書 親孝行（おやこうこう）

皇（9）
音 [コウ][オウ]
白 しろ
書 読 天皇（てんのう）
書 皇居（こうきょ）・皇后（こうごう）

皇皇皇皇皇皇皇

孝孝孝孝孝

后后后后后后

誤誤誤誤誤誤誤誤

呼呼呼呼呼呼呼

己己己

厳厳厳厳厳厳厳厳厳

7	10	14	8	16	10	9
困	骨	穀	刻	鋼	降	紅
音[コン] 訓[こま(る)]	音[コツ] 訓[ほね]	音[コク]	音[コク] 訓[きざ(む)]	音[コウ]⊕ 訓[はがね]	音[コウ]⊕ 訓[お(りる)] [お(ろす)] [ふ(る)]	音[コウ]⊕ [ク]⊕ 訓[べに] [くれない]⊕
口 くにがまえ	骨 ほね	禾 のぎへん	刂 りっとう	金 かねへん	阝 こざとへん	糸 いとへん
書 困難 送 こまる ▼困る	読 骨子・骨格・骨身 こっし こっかく ほねみ 書 骨・骨折・鉄骨・筋骨 ほね こっせつ てっこつ きんこつ 四 複雑骨折 ふくざつこっせつ	書 穀物 こくもつ 読 穀倉庫・穀倉地帯 こくそうこ こくそうちたい	読 小刻み こきざ 書 深刻・時刻・定刻 しんこく じこく ていこく 刻・集合時刻・一刻千金 こく しゅうごうじこく いっこくせんきん 送 きざむ ▼刻む 四 発車時 はっしゃじ	書 鋼鉄 こうてつ	読 降りる・乗降 お じょうこう 書 降る・降水 ふ こうすい	読 紅・紅潮 くれない こうちょう 書 紅茶・紅色・紅白・口紅・紅花 こうちゃ こうしょく こうはく くちべに べにばな

10	5	12	12	11	10	9
蚕	冊	策	裁	済	座	砂

蚕 10
音[サン]
訓[かいこ]

虫
むし

読 養蚕（ようさん）
書 蚕（かいこ）

冊 5
音[サツ]
[サク]高

冂
どうがまえ
けいがまえ
まきがまえ

読 冊子（さっし）・別冊（べっさつ）
書 一冊（いっさつ）

策 12
音[サク]

⺮
たけかんむり

読 散策（さんさく）・方策（ほうさく）
四 災害対策（さいがいたいさく）・景気対策（けいきたいさく）・防災対策（ぼうさいたいさく）・公害対策（こうがいたいさく）
書 対策（たいさく）・政策（せいさく）

裁 12
音[サイ]
訓[た(つ)]中
[さば(く)]

衣
ころも

読 布を裁（た）つ
送 裁（さば）く
書 裁判（さいばん）・裁断（さいだん）・洋裁（ようさい）

済 11
音[サイ]
訓[す(む)]
[す(ます)]

氵
さんずい

読 済（す）む・救済（きゅうさい）・経済（けいざい）
送 済（す）ます

座 10
音[ザ]
訓[すわ(る)]中

广
まだれ

読 講座（こうざ）・座（ざ）
四 座席指定（ざせきしてい）・優先座席（ゆうせんざせき）・座談会場（ざだんかいじょう）
書 座席（ざせき）・星座（せいざ）・王座（おうざ）・正座（せいざ）

砂 9
音[サ]
[シャ]中
訓[すな]

石
いしへん

読 砂場（すなば）
書 砂（すな）・砂糖（さとう）・砂鉄（さてつ）

蚕	冊	策	裁	済	座	砂
蚕蚕蚕蚕蚕蚕、	冊冊冊冊冊	策策策策策策策	裁裁裁裁裁裁裁裁	済済済済済済済済	座座座座座座座座	砂砂砂砂砂砂砂砂

14	14	12	11	9	7	6 シ
磁	誌	詞	視	姿	私	至
音[ジ]	音[シ]	音[シ]	音[シ]	音[シ] 訓[すがた]	音[シ] 訓[わたくし][わたし]	音[シ] 訓[いたる]
いしへん 石	ごんべん 言	ごんべん 言	みる 見	おんな 女	のぎへん 禾	いたる 至
書 磁石 読 磁気・磁針・磁力 四 永久磁石・方位磁針	書 雑誌・日誌 四 月刊雑誌・学級日誌	書 作詞 読 歌詞	読 近視用・視野 書 視界・軽視・視察 四 信号無視	書 姿勢 姿・姿勢	読 私語・私服・私用 書 私 四 私利私欲・公私混同・公平無私	書 至急 送 いたる▼至る

磁	誌	詞	視	姿	私	至
磁磁磁磁磁磁磁磁	誌誌誌誌誌誌誌誌	詞詞詞詞詞詞詞詞	視視視視視視視	姿姿姿姿姿姿姿	私私私私私私私	至至至至至至至至

8	4	16	8	4	11	10
宗	収	樹	若	尺	捨	射

射 (10)
音[シャ]
訓[い(る)]
すん（寸）
書 射る・反射・注射
四 直射日光・予防注射・条件反射・反射神経

捨 (11)
音[シャ]
訓[す(てる)]
てへん（扌）
送 すてる▼捨てる
四 四捨五入

尺 (4)
音[シャク]
かばね・しかばね（尸）
読 尺度
書 尺八・縮尺

若 (8)
音[ジャク]
[ニャク]高中
訓[わか(い)]
[も(しくは)]高
くさかんむり（艹）
送 わかい▼若い
読 若菜
書 若者・若葉・若鳥

樹 (16)
音[ジュ]
きへん（木）
読 樹液・樹氷・果樹園・針葉樹
書 樹木・植樹・街路樹・樹立・落葉樹

収 (4)
音[シュウ]
訓[おさ(める)]
[おさ(まる)]
また（又）
読 収める・収録・回収
書 吸収・収入・収益
四 消化吸収・臨時収入・貿易収支・分別収集

宗 (8)
音[シュウ]
[ソウ]中
うかんむり（宀）
読 宗教・宗家

10	15	17	16	10	12	12
純	熟	縮	縦	従	衆	就

就（12）
音 [シュウ] [ジュ]高
訓 [つく] [つける]中
尢 だいのまげあし
四 読 就航
書 就職・就任
四 就職活動

衆（12）
音 [シュウ] [シュ]高
血 ち
四 読 衆議院・民衆
書 観衆・公衆
四 公衆道徳・公衆衛生・公衆電話・衆議一決

従（10）
音 [ジュウ] [ショウ]高 [ジュ]高
訓 [したが(う)] [したが(える)]
彳 ぎょうにんべん
送 したがう▼従う
書 服従

縦（16）
音 [ジュウ]
訓 [たて]
糸 いとへん
読 縦断・操縦
書 縦・縦断

縮（17）
音 [シュク]
訓 [ちぢ(む)] [ちぢ(まる)] [ちぢ(める)] [ちぢ(らす)] [ちぢ(れる)]
糸 いとへん
四 読 縮小・縮図
書 短縮・縮尺
送 ちぢむ▼縮む
四 規模縮小

熟（15）
音 [ジュク]
訓 [う(れる)]中
灬 れんが・れっか
読 熟す・成熟・半熟・熟練

純（10）
音 [ジュン]
糸 いとへん
四 読 純真・純白・純毛
書 単純・純金
四 単純明快

298　　[巻末22]

13	10	8	10	15	13	5
傷	将	承	除	諸	署	処

傷（13）
音[ショウ]
訓[きず]・[いた（む）]⊕・[いた（める）]⊕
にんべん　イ
読・書　軽傷[けいしょう]・重傷[じゅうしょう]・負傷[ふしょう]／傷

将（10）
音[ショウ]
すん　寸
読　武将[ぶしょう]
書　将来[しょうらい]・主将[しゅしょう]

承（8）
音[ショウ]　訓[うけたまわ（る）]⊕
て　手
読　承知[しょうち]・承服[しょうふく]
書　伝承[でんしょう]

除（10）
音[ジョ]⊕　訓[のぞ（く）]
こざとへん　⻏
読　除草[じょそう]・除幕[じょまく]・除夜[じょや]・除去[じょきょ]
四　除雪作業[じょせつさぎょう]・加減乗除[かげんじょうじょ]
書　解除[かいじょ]
送　のぞく　▼除く

諸（15）
音[ショ]
ごんべん　言
読　諸国[しょこく]・諸島[しょとう]
四　諸行無常[しょぎょうむじょう]

署（13）
音[ショ]
あみがしら・あみめ・よこめ　四
読　署名[しょめい]
四　署名運動[しょめいうんどう]・署名活動[しょめいかつどう]

処（5）
音[ショ]
つくえ　几
書　処理[しょり]・処分[しょぶん]・処置[しょち]
四　応急処置[おうきゅうしょち]・問題処理[もんだいしょり]・救急処置[きゅうきゅうしょち]・事務処理[じむしょり]

3	11	8 ス	4	10	13	14
寸	推	垂	仁	針	蒸	障
音[スン]	音[スイ] 訓[おす]⊕	音[スイ] 訓[たれる][たらす]	音[ジン][ニ]⊕	音[シン] 訓[はり]	音[ジョウ] 訓[むす][むれる]⊕[むらす]⊕	音[ショウ] 訓[さわる]高
すん 寸	てへん 扌	つち 土	にんべん イ	かねへん 金	くさかんむり 艹	こざとへん 阝
読 寸劇 すんげき 書 寸前 すんぜん・寸断 すんだん	書 推理 すいり 四 推進 すいしん・推移 すいい・推測 すいそく・推定 すいてい 書 推理小説 すいりしょうせつ	書 垂直 すいちょく 送 たれる ▼垂れる	読 仁術 じんじゅつ 書 仁王 におう	読 針葉樹 しんようじゅ・磁針 じしん 書 針 はり・方針 ほうしん 四 基本方針 きほんほうしん・針小棒大 しんしょうぼうだい・方位磁針 ほういじしん	読 水蒸気 すいじょうき 四 蒸気機関 じょうききかん 書 蒸気 じょうき・蒸発 じょうはつ	読 障子 しょうじ・支障 ししょう・保障 ほしょう 四 社会保障 しゃかいほしょう 書 故障 こしょう・障害 しょうがい・安全保障 あんぜんほしょう
寸寸寸	推推推推推推推	垂垂垂垂垂垂垂垂	仁仁仁仁	針針針針針針針針針針	蒸蒸蒸蒸蒸蒸蒸蒸蒸蒸蒸蒸蒸	障障障障障障障障障障障障障障

9	9	9	6	13	13	11
泉	専	宣	舌	誠	聖	盛

泉 9
音[セン] 訓[いずみ]
水 みず
読 源泉
四 温泉旅館
書 泉・温泉

専 9
音[セン] 訓[もっぱ(ら)]⊕
寸 すん
読 専念
書 専門・専用
四 専門学校・専売特許・一意専心・専門技術

宣 9
音[セン]
宀 うかんむり
四 平和宣言・独立宣言・安全宣言・人権宣言
書 宣伝・宣言

舌 6
音[ゼツ]⊕ 訓[した]
舌 した
読 舌
書 舌つづみ

誠 13
音[セイ]⊕ 訓[まこと]⊕
言 ごんべん
読 誠実・誠意
書 誠に

聖 13
音[セイ]
耳 みみ
読 神聖・聖歌隊
四 聖人君子
書 聖火

盛 11
音[セイ]⊕[ジョウ]高 訓[も(る)][さか(る)]⊕[さか(ん)]⊕
皿 さら
読 全盛期・花盛り
書 盛る

創	窓	奏 ソ	善	銭	染	洗
12	11	9	12	14	9	9

創（12画）
音[ソウ]
訓[つく（る）]
りっとう　リ
読　創作
書　創刊・創業
四　天地創造・創立記念・創作活動
書　創立・創設・独創

窓（11画）
音[ソウ]
訓[まど]
あなかんむり　穴
読　窓
書　車窓・出窓

奏（9画）ソ
音[ソウ]
訓[かな（でる）]高
だい　大
書　演奏・独奏・合奏
四　器楽合奏・器楽演奏・合奏練習

善（12画）
音[ゼン]
訓[よ（い）]
くち　口
読　善い・親善
書　善は急げ・改善・親善・善戦
四　国際親善・親善試合

銭（14画）
音[セン]
訓[ぜに]中
かねへん　金
読　銭湯・金銭
書　つり銭

染（9画）
音[セン]
訓[そ（める）]中[そ（まる）][し（みる）]高
き　木
読　染色
送　染める▼染める

洗（9画）
音[セン]
訓[あら（う）]
さんずい　氵
読　皿洗い
書　洗車
送　あらう▼洗う

洗洗洗洗洗洗洗洗

染染染染染染染染

銭銭銭銭銭銭銭銭銭銭銭

善善善善善善善善善善

奏奏奏奏奏奏奏奏

窓窓窓窓窓窓窓窓

創創創創創創創創創

12	6	19	15	16	14	12
尊	存	臓	蔵	操	層	装
音[ソン] 訓[たっと（い）][たっと （ぶ）][とうと（い）][とうと （ぶ）]	音[ソン] [ゾン]	音[ゾウ]	音[ゾウ] 訓[くら]⊕	音[ソウ] 訓[あやつ（る）]⊕ [みさお]高	音[ソウ]	音[ソウ] [ショウ]⊕ 訓[よそお（う）]高
すん 寸	こ 子	にくづき 月	くさかんむり サ	てへん 扌	かばね しかばね 尸	ころも 衣
読 尊い・尊ぶ・本尊 書 尊敬・尊重 四 人権尊重	読 存分・存続 書 保存・存在 四 永久保存・生存競争・危急存亡・適者生存	読 心臓 書 臓器・内臓 四 臓器移植	読 地蔵・所蔵・土蔵 書 貯蔵・冷蔵・蔵書・秘蔵 四	読 情操 書 体操・操作・操縦 四 器械体操・体操競技・体操選手	読 階層・層 書 高層・断層・地層 四 高層建築・高層住宅	読 装備・仮装 書 服装・装置・包装・軽装 四 実験装置・安全装置・完全装備・仮装行列
尊尊 尊尊尊尊尊尊尊尊尊	存存 存存存	臓臓臓 臓臓臓臓 臓臓臓 臓臓臓 臓臓臓 臓臓	蔵蔵蔵 蔵蔵蔵 蔵蔵 蔵蔵 蔵蔵 蔵	操操操 操操操 操操操 操操操 操操 操	層層層 層層層 層層層 層層層 層層	装装装装装 装装装装装 装装装

13	9	15	11	8	6	9 夕
暖	段	誕	探	担	宅	退
音[ダン] 訓[あたた(か)][あたた か(い)][あたた(ま る)][あたた(める)]	音[ダン]	音[タン]	音[タン] 訓[さぐ(る)] [さが(す)]⊕	音[タン] 訓[かつ(ぐ)]高高 [にな(う)]⊕	音[タク]	音[タイ] 訓[しりぞ(く)] [しりぞ(ける)]
日 ひへん	殳 ほこづくり るまた	言 ごんべん	扌 てへん	扌 てへん	宀 うかんむり	辶 しんにゅう しんにょう
四 読 暖かい・温暖化・暖流 書 温暖・寒暖	四 読 非常階段 書 手段 書 階段・段落・石段・段差	書 生誕 誕生	四 読 探す・探検・探査・探訪 書 南極探検・海底探検	四 読 担任・担当・分担・負担 書 負担軽減・自己負担	四 読 帰宅・宅配・住宅 書 宅地造成・集合住宅・高層住宅・住宅建設 自宅	送 読 後退・退く 書 引退 しりぞく▼退く

13	11	5	11	8	8	10 チ
腸	頂	庁	著	忠	宙	値
音[チョウ]	音[チョウ] 訓[いただき][いただ(く)]	音[チョウ]	音[チョ] 訓[あらわ(す)]㊥[いちじる(しい)]㊥	音[チュウ]	音[チュウ]	音[チ] 訓[ね][あたい]㊥
月 にくづき	頁 おおがい	广 まだれ	艹 くさかんむり	心 こころ	宀 うかんむり	イ にんべん
読胃腸 書胃腸	読絶頂 四人気絶頂 書山の頂・頂上・山頂・頂点 送いただく▼頂く	書庁舎・官庁・県庁 読気象庁	読著名・著者 書著き著す	読忠告・忠実 書忠告	書宇宙・宙にまう 四宇宙旅行・宇宙遊泳・宇宙開発・宇宙飛行	書価格・値上げ 四価値判断
腸腸腸腸腸腸腸腸腸	頂頂頂頂頂頂頂頂	庁庁庁庁庁	著著著著著著著著	忠忠忠忠忠忠忠忠	宙宙宙宙宙宙宙宙	値値値値値値値値値

10	10 ト	10	15 テ	12 ツ	13	15
党	討	展	敵	痛	賃	潮

党（10）
音［トウ］
儿 ひとあし・にんにょう
四 読 党首
書 政党 政治・党首討論

討（10 ト）
訓［う(つ)］
音［トウ］
言 ごんべん
四 読 検討
書 討論・討議 政治討論・党首討論

展（10）
音［テン］
尸 かばね・しかばね
書 読 展開・個展・作品展
展示・展望・発展・展覧
四 展覧会場

敵（15 テ）
訓［かたき］⊕
音［テキ］
攵 のぶん・ぼくづくり
書 読 敵意・敵国
強敵

痛（12 ツ）
訓［いた(い)］［いた(む)］［いた(める)］
音［ツウ］
疒 やまいだれ
送 いた(い) ▼痛い
読 痛快・痛手
書 苦痛・頭痛

賃（13）
音［チン］
貝 こがい
書 読 賃金・賃貸
運賃

潮（15）
訓［しお］
音［チョウ］
氵 さんずい
書 読 赤潮・紅潮・風潮
潮が満ちる・黒潮・満潮

党党党党党党党
討討討討討討討
展展展展展展展
敵敵敵敵敵敵敵敵敵
痛痛痛痛痛痛痛痛
賃賃賃賃賃賃賃
潮潮潮潮潮潮潮潮潮潮

脳 11	納 10 ノ	認 14	乳 8 ニ	難 18 ナ	届 8	糖 16
音[ノウ]	訓[おさ(める)][おさ(まる)] 音[ノウ中][ナッ下][ナ・ナン高][トウ高]	訓[みと(める)] 音[ニン中]	訓[ち] 音[ニュウ]	訓[むずか(しい)][かた(い)高] 音[ナン]	訓[とど(ける)][とど(く)]	音[トウ]
にくづき 月	いとへん 糸	ごんべん 言	おつ し	ふるとり 隹	しかばね かばね 尸	こめへん 米
四 首脳会議 しゅのうかいぎ・首脳会談 しゅのうかいだん 読 首脳 しゅのう 書 脳・頭脳 ずのう	送 おさめる▼納める 読 納税 のうぜい・納期 のうき 書 納入 のうにゅう	送 みとめる▼認める 読 確認 かくにん	書 牛乳 ぎゅうにゅう・乳 ち・乳歯 にゅうし 読 乳製品 にゅうせいひん	送 むずかしい▼難しい 書 困難 こんなん・難民 なんみん 四 無理難題 むりなんだい	送 とどける▼届ける 書 届く とどく	書 砂糖 さとう・糖分 とうぶん 読 糖類 とうるい

晩	班	俳	肺	背	拝	派
12	10	10	9	9	8	9

派 9

晩 12
音[バン]
ひへん
日
読 晩秋・昨晩・晩春
書 毎晩・今晩
四 大器晩成

班 10
音[ハン]
おうへん
たまへん
王
読 班行動
書 班・班長

俳 10
音[ハイ]
にんべん
イ
読 俳人
書 俳句・俳優

肺 9
音[ハイ]
にくづき
月
読 肺活量
書 肺

背 9
音[ハイ][セ][セイ]
訓[そむく][そむける]㊥
にく
肉
読 背泳・背広・背負う
書 背のび・背景・背中・背泳ぎ・背筋

拝 8
音[ハイ]
訓[おがむ]
てへん
扌
読 拝観・参拝・拝見・拝啓
送 おがむ▼拝む

派 9
音[ハ]
さんずい
氵
読 特派員・派生
書 立派

並	奮	腹	俵	秘	批	否

否 ― 7 ヒ
音[ヒ]
訓[いな]〈高〉
くち　口
読　否決
書　賛否
四　賛否両論

批 ― 7
音[ヒ]
てへん　扌
書　批評・批判

秘 ― 10
音[ヒ]
訓[ひ(める)]〈中〉
のぎへん　禾
読　神秘・秘境・秘宝
四　秘密文書
書　秘密・秘蔵

俵 ― 10
音[ヒョウ]
訓[たわら]
にんべん　イ
読　米俵・炭俵
書　俵

腹 ― 13 フ
音[フク]
訓[はら]
にくづき　月
読　中腹・満腹・腹筋
四　腹式呼吸
書　腹

奮 ― 16
音[フン]
訓[ふる(う)]
だい　大
読　奮う
書　興奮・奮起・奮戦
送　ふるう▼奮う

並 ― 8 ヘ
音[ヘイ]〈中〉
訓[なみ][なら(ぶ)][なら(べる)][なら(びに)]
いち　一
読　並み・山並み
書　並木
送　ならべる▼並べる

11	8	14	12 ホ	4	11	10
訪	宝	暮	補	片	閉	陛

陛 10
音[ヘイ]
こざとへん 阝
読 天皇陛下[てんのうへいか]

閉 11
音[ヘイ]
訓[と(じる)][し(める)][し(まる)][と(ざす)]㊥
もんがまえ 門
送 とじる▼閉じる・しまる▼閉まる
読 開閉[かいへい]・密閉[みっぺい]
書 閉店[へいてん]・閉幕[へいまく]

片 4
音[ヘン]㊥
訓[かた]
かた 片
四 片側通行[かたがわつうこう]
読 後片付け[あとかたづけ]
書 片仮名[かたかな]・片道[かたみち]・片側[かたがわ]・片方[かたほう]

補 12 ホ
音[ホ]㊥
訓[おぎな(う)]
ころもへん 衤
四 補欠選挙[ほけつせんきょ]・水分補給[すいぶんほきゅう]
読 補修[ほしゅう]・候補[こうほ]・補給[ほきゅう]
書 補強[ほきょう]・補欠[ほけつ]・補助[ほじょ]
送 おぎなう▼補う

暮 14
音[ボ]㊥
訓[く(れる)][く(らす)]
ひ 日
送 くれる▼暮れる

宝 8
音[ホウ]
訓[たから]
うかんむり 宀
四 人間国宝[にんげんこくほう]
読 秘宝[ひほう]
書 宝[たから]・国宝[こくほう]・宝庫[ほうこ]・宝石[ほうせき]・宝物[たからもの]

訪 11
音[ホウ]
訓[たず(ねる)][おとず(れる)]㊥
ごんべん 言
読 歴訪[れきほう]・探訪[たんぼう]
族訪問
送 たずねる▼訪ねる
書 訪問[ほうもん]
四 家庭訪問[かていほうもん]・家

13 メ	11 ミ	13	8 マ	12	7	3
盟	密	幕	枚	棒	忘	亡

亡（3）
音[ボウ] 訓[モウ]高 [な(い)]高
亠 なべぶた けいさんかんむり
四 危急存亡（ききゅうそんぼう）

忘（7）
訓音[ボウ]中 [わす(れる)]
心 こころ
送 わすれる▼忘れる

棒（12）
音[ボウ]
木 きへん
読 心棒・相棒・棒読み
四 針小棒大（しんしょうぼうだい）
書 鉄棒・足が棒になる

枚（8 マ）
音[マイ]
木 きへん
読 枚挙（まいきょ）
書 枚数（まいすう）

幕（13）
音[マク][バク]
巾 はば
読 除幕・幕府・入幕（じょまく・ばくふ・にゅうまく）
書 幕開・開幕・閉幕（まくあけ・かいまく・へいまく）

密（11 ミ）
音[ミツ]
宀 うかんむり
読 精密・密閉（せいみつ・みっぺい）
四 人口密度・秘密文書・精密機械（じんこうみつど・ひみつぶんしょ・せいみつきかい）
書 密集・秘密・密度・綿密（みっしゅう・ひみつ・みつど・めんみつ）

盟（13 メ）
音[メイ]
皿 さら
読 連盟・同盟（れんめい・どうめい）
書 加盟（かめい）

11	5	13 ヨ	17	11 ユ	11 ヤ	14 モ
欲	幼	預	優	郵	訳	模
音[ヨク] 訓[ほ(しい)] [ほっ(する)]⊕高	音[ヨウ] 訓[おさな(い)]	音[ヨ] 訓[あず(ける)] [あず(かる)]	音[ユウ] 訓[やさ(しい)]⊕ [すぐ(れる)]⊕	音[ユウ]	音[ヤク] 訓[わけ]	音[モ] [ボ]
欠 あくび かける	幺 いとがしら よう	頁 おおがい	イ にんべん	阝 おおざと	言 ごんべん	木 きへん
四 読 無欲 書 食欲・意欲・欲がない・ 私利私欲・欲求不満	送 読 おさない▼幼い 書 幼虫・幼少・幼友達 書 幼児	送 読 預貯金 書 預かる あずける▼預ける	四 書 読 優勝・俳優・優位・ 優先順位・優先座席・全勝優勝	四 読 郵送 書 郵便 四 郵便配達・速達郵便・ 郵便番号・郵便切手・郵便小包	四 読 内訳・英訳 同時通訳 書 訳を話す・訳す・通訳	四 読 模写・模造品 書 模型・模様・規模・ 水玉模様・鉄道模型・規模拡大

284

18	9	13 リ	17	7	7 ラ	11
臨	律	裏	覧	卵	乱	翌

臨 (18)
音[リン] 訓[のぞ(む)]⊕
しん 臣
書 臨時国会・臨時収入・臨時休校・臨時電車・
四 臨機応変・臨時列車・臨時休業・

律 (9)
音[リツ][リチ]高
ぎょうにんべん 彳
読 規律・一律
書 調律・法律

裏 (13 リ)
音[リ] 訓[うら]
ころも 衣
書 裏・裏庭・裏側
四 表裏一体

覧 (17)
音[ラン]
みる 見
読 回覧・展覧会・観覧車
書 遊覧・展覧・博覧
四 展覧会場

卵 (7)
音[ラン]⊕ 訓[たまご]
ふしづくり わりふ 卩
書 卵白 読 卵

乱 (7 ラ)
音[ラン]⊕ 訓[みだれる][みだ(す)]
おつ し
送 みだれる▼乱れる
書 混乱・散乱・乱雑
四 一心不乱

翌 (11)
音[ヨク]
はね 羽
書 翌日・翌週・翌朝・翌年

[巻末37]

283

15	10 回
論	朗
音 [ロン]	音 [ロウ] 訓 [ほが(らか)]⊕
言 ごんべん	月 つき
四 読 結論・異論・論議 けつろん いろん ろんぎ 世論調査・賛否両論・議論百出 よろんちょうさ さんぴりょうろん ぎろんひゃくしゅつ 書 討論・議論・理論 とうろん ぎろん りろん	四 書 朗読・明朗・朗報 ろうどく めいろう ろうほう 明朗快活 めいろうかいかつ
論論論論論論論論 論論論論論論論論 論論	朗朗朗朗朗朗朗朗朗朗

四字の熟語

四字の熟語の問題では、漢字四字の中の一字が問われます。どの漢字を問われても答えられるようにしっかりと覚えましょう。

安全宣言 あんぜんせんげん	危なくないと、世間に発表すること。
安全装置 あんぜんそうち	危険が生じないように取り付けた装置。
安全保障 あんぜんほしょう	外部からの攻撃や侵略に対して国家の安全を守ること。
異口同音 いくどうおん	多くの人が、口をそろえて同じことを言うこと。
意識改革 いしきかいかく	今までの考え方などを改め新しくすること。
一意専心 いちいせんしん	わき目もふらずに一つのことに熱心になること。
一病息災 いちびょうそくさい	多少気になるくらいの軽い病気を持っていたほうが、無理をせず長生きするということ。

一部始終 いちぶしじゅう	はじめから終わりまで。事の詳細すべて。
胃腸障害 いちょうしょうがい	胃と腸の具合が悪くなること。
一挙両得 いっきょりょうとく	一つのことで同時に二つの利益を得ること。
一刻千金 いっこくせんきん	時間がたいせつなことのたとえ。
一進一退 いっしんいったい	進んだりあと戻りしたりすること。
一心不乱 いっしんふらん	わき目もふらず一つのことに集中している様子。
宇宙開発 うちゅうかいはつ	宇宙空間を人類のために役立たせようとする活動。
宇宙空間 うちゅうくうかん	地球および他の天体に属さない空間領域。
宇宙飛行 うちゅうひこう	ロケットなどが宇宙で飛行すること。
宇宙遊泳 うちゅうゆうえい	宇宙で宇宙飛行士が宇宙船外で行動すること。

雨天順延	永久磁石	永久保存	栄養補給	沿岸漁業	円形劇場	応急処置	温泉旅館	温暖前線	開会宣言
うてんじゅんえん	えいきゅうじしゃく	えいきゅうほぞん	えいようほきゅう	えんがんぎょぎょう	えんけいげきじょう	おうきゅうしょち	おんせんりょかん	おんだんぜんせん	かいかいせんげん
雨のために、期日を順に先に延ばすこと。	磁力をいつまでも持ち続けている磁石。	末永く永遠に保存すること。	足りない栄養をおぎなうこと。	海岸近くの海で行われる漁業。	古代ローマにおいて、中央で見世物が行われその周囲を客席に囲まれた楕円形の施設のこと。	急病人やけが人に、とりあえずその場でしておく処置。	温泉の周辺に建てられた宿泊施設のこと。	暖かい空気が冷たい空気に乗り上げて進むときにできる前線。	会を開くということを表明すること。

海底探検	書留郵便	学習意欲	拡張工事	加減乗除	仮装行列	家族訪問	片側通行	価値判断	合奏練習
かいていたんけん	かきとめゆうびん	がくしゅういよく	かくちょうこうじ	かげんじょうじょ	かそうぎょうれつ	かぞくほうもん	かたがわつうこう	かちはんだん	がっそうれんしゅう
海の底に踏みこんで調べること。	記録にとって、まちがいなく届くようにした郵便。	進んでまなぼうとする気持ち。	広げて大きくする工事。	足し算、引き算、かけ算、わり算のこと。	普段とは異なる服装で大勢で練り歩くこと。	家族を訪問すること。	道路の右側・左側の一方のみの通行。	ものごとの値うちを決めること。	複数の楽器で同じ曲を演奏する練習をすること。

試験に出る四字の熟語

280　　　　　　　　［巻末40］

家庭訪問	株式会社	完全看護	完全装備	完全無欠	器械体操	器楽演奏	器楽合奏	期間延長	危急存亡
学校の先生が、生徒の家庭を訪ねること。	多くの人が元手のお金を出し合い仕事をする会社。	基準看護制度ができる以前に存在した制度。	どのような危険にも対処できるようなものを備えていること。	完全でまったく欠点がないこと。	とびばこ、鉄ぼうなどの器械を使って行う体操。	楽器のみを使う音楽を演奏すること。	楽器のみを使う音楽を合奏すること。	ある特定の期日から期日までの間をのばすこと。	危険がせまり、生きるか死ぬかのせとぎわ。

教育改革	救急処置	基本方針	規模縮小	規模拡大	帰宅時刻	帰宅時間	起承転結	技術革新	危険信号
教育に関する制度などを大きく変えること。	急な病人やけが人を救うためにとる手当て。	大もととなる目当て。	大きなしくみを小さくすること。	しくみの大きさなどを大きく広げること。	家に帰る時間のこと。	家に帰ってくる時間。	文章の組み立て方や、物事の順序のこと。	生産技術を大きく改めて新しくすること。	危ないことを知らせるための信号。

四字熟語	意味
共存共栄（きょうそんきょうえい）	ともに助け合い、ともに栄えること。「共存」は「きょうぞん」ともよむ。
郷土芸能（きょうどげいのう）	その地方の感じがよく出ているおどりや音楽など。
郷土料理（きょうどりょうり）	地域固有の材料を使った特有の料理。
玉石混交（ぎょくせきこんこう）	よいものとわるいものがまじりあっていること。
記録映画（きろくえいが）	事実の記録にもとづいて作られた映画のこと。
議論百出（ぎろんひゃくしゅつ）	次々にいろいろな意見が出ること。
勤続年数（きんぞくねんすう）	会社に入ってから退職するまでの年数。
勤務時間（きんむじかん）	会社などで働く時間のこと。
空前絶後（くうぜんぜつご）	今までにも今後もないだろうと思われる、めずらしいこと。
景気対策（けいきたいさく）	世の中のお金の動きをよくするための対策。
警備体制（けいびたいせい）	危険に備えて警戒している状態をとること。
月刊雑誌（げっかんざっし）	毎月一回刊行される雑誌のこと。
厳正中立（げんせいちゅうりつ）	かたよらず中立の立場をしっかり守ること。
検討課題（けんとうかだい）	よく調べ、考える問題。
公害対策（こうがいたいさく）	公害を防止するための対策。
工業地域（こうぎょうちいき）	たくさんの工場などが集まった地域のこと。
航空郵便（こうくうゆうびん）	飛行機を使って運ぶ郵便のこと。
公私混同（こうしこんどう）	仕事上のことと、個人的なことのけじめがないこと。
公衆衛生（こうしゅうえいせい）	地域、学校、職場などで、人びとの健康を守ること。
公衆電話（こうしゅうでんわ）	町かどなどにある、料金をはらえばだれでも使える電話。

公衆道徳	おたがい迷惑をかけないために、守るべき事がら。
高層建築	階を重ねた高い建物。
高層住宅	ある一定の階以上の住宅のこと。
公平無私	公平で、判断に自分の感情などをまぜないこと。
国際親善	国と国が仲よくすること。
穀倉地帯	穀物がたくさんとれる地域。
国民主権	主権が国民にあるということ。
穀物倉庫	米や麦などの穀物をしまっておく場所のこと。
言語道断	言葉も出ないほど、ひどいこと。
災害対策	災害予防や災害への対応をするための方法。

座席指定	電車などにおいてあらかじめ座る席を決めておくこと。
座談会場	座談会が行われる場所。
三権分立	立法・行政・司法の三つの権利を独立させる政治のしくみ。
酸素吸入	呼吸が苦しいときなどに、酸素を吸わせること。
賛否両論	賛成と反対の両方の意見があること。
自画自賛	自分で自分のしたことをほめること。
時間延長	予定していた時間からのばすこと。
時間厳守	決められた時間をきびしく守ること。
自給自足	必要なものを自分で作り自分で使うこと。
自己主張	自分の意見をはっきり言うこと。

実力発揮	実験装置	失業対策	質疑応答	自然遺産	四捨五入	自己満足	自己本位	自己負担	自己反省
本当にもっている力を十分に表すこと。	実験するために使う装置。	仕事を失った人たちを助けるために行われる事業のこと。	質問とそれに対する答え。	世界遺産のうち、自然に関するもののこと。	はんぱな数を四以下切り捨て、五以上切り上げでおよその数にすること。	自分の行いなどを、自分ひとりで満足すること。	何事も自分を中心に考えたり行ったりすること。	自分自身で仕事を引き受けたりお金をはらうこと。	自分自身の行動を振り返ってそれでよいかと考えること。

就職活動	自由自在	集合住宅	集合時刻	衆議一決	弱肉強食	社会保障	社会現象	事務処理	児童憲章
仕事を求めて活動すること。	自分の思うがままにできること。	一つの建物の中に複数の住居が含まれる住宅のこと。	一つの場所に集まるために決めた時間。	みんなで話し合い、意見が一つにまとまること。	弱いものが強いものに食われること。生存競争の激しさをいう。	安定した生活を送るために国などが設けた制度。	社会の生活や関係から現れる様々なことがらのこと。	会社などの書類の整理や作成するしごと。	すべての児童の幸福を守るためのきまり。

住宅建設	主権在民	首脳会議	首脳会談	消化吸収	蒸気機関	条件反射	情報提供	除雪作業	署名運動
人が住むための家を新しくつくること。	国の主権が国民にあるということ。	組織などの中心に立つ人たちが参加する会議。	国の最高責任者が他国の最高責任者と話し合いを行うこと。	食べ物を消化し、体に取り入れること。	蒸気の力を利用して機械などを動かすしくみ。	ある条件を与えられると起こる反射運動のこと。	相手に役立つよう情報を差し出すこと。	道や線路などに積もった雪を取りのぞくこと。	署名を集め、意思決定に影響を与えようとすること。

署名活動	私利私欲	人員点呼	心機一転	人権宣言	人権尊重	人工呼吸	人口密度	信号無視	針小棒大
署名を集める活動のこと。	自分だけが得をしようと考える欲ばりな気持ち。	人の数がそろっているか名前を呼び調べること。	あることをきっかけに気持ちがすっかり変わること。	人のもつ権利に関して述べた様々な宣言のこと。	人が生まれながらにもっている権利を尊重すること。	呼吸ができない者に対して人の手によって肺に空気が入るよう導くこと。	面積一平方キロメートルあたりの人の数。	信号機の信号どおりに通行しないこと。	針くらい小さいことを棒のように大きいことのように言うこと。

四字熟語	意味
親善試合（しんぜんじあい）	友好を深めるために行う試合。
森林資源（しんりんしげん）	森や林にある、物を作りだすもととなるもの。
水産資源（すいさんしげん）	海や湖からとることができる魚やかいそうなどのこと。
水分補給（すいぶんほきゅう）	水分を飲んで補うこと。
推理小説（すいりしょうせつ）	事件のなぞを推理する内容の小説。
晴耕雨読（せいこううどく）	晴れた日は田畑を耕し、雨が降れば家で読書をするなど、気の向くままに生活すること。
政治改革（せいじかいかく）	政治のしくみを新しくかえること。
政治討論（せいじとうろん）	政治に関して意見をのべ合うこと。
聖人君子（せいじんくんし）	知識・人格ともすぐれたりっぱな人物。
生存競争（せいぞんきょうそう）	生物が生きていくためのあらそい。
政党政治（せいとうせいじ）	議席を多くとった政党が政権をとり運営する政治。
精密機械（せいみつきかい）	時計などの、くるいが少なく高級な機械。
精密検査（せいみつけんさ）	細かいところまでくわしく調べること。
世界遺産（せかいいさん）	昔の人がのこした価値のある遺せき・景観・自然など。
絶体絶命（ぜったいぜつめい）	追いつめられて、とてものがれられないこと。
世論調査（せろんちょうさ）	世間一般の人々の意見を調べること。「世論」は「よろん」とも読む。
専業農家（せんぎょうのうか）	農業だけで生計を立てている農家。
全勝優勝（ぜんしょうゆうしょう）	全ての試合を勝って優勝すること。
専売特許（せんばいとっきょ）	その人だけがとくに得意としているやり方や技術。
専門学校（せんもんがっこう）	専門的な技術などを教える学校。

試験に出る四字の熟語

専門用語（せんもんようご）	限られた分野で使われる語句のこと。
臓器移植（ぞうきいしょく）	働きを失った臓器のかわりに、ほかの人から臓器を移植すること。
創作活動（そうさくかつどう）	自分自身で新しいものを作りだすこと。
創立記念（そうりつきねん）	学校などが初めて設立されたことを思い出すための日時や行事。
速達郵便（そくたつゆうびん）	特別に速く届ける郵便。
大器晩成（たいきばんせい）	すぐれた才能のある人は、年をとってからりっぱになるということ。
体操競技（たいそうきょうぎ）	体を合理的に動かすこと。競いあうこと。
体操選手（たいそうせんしゅ）	体操競技を行う選手のこと。
大同小異（だいどうしょうい）	少しはちがっていても、だいたいは同じであること。
宅地開発（たくちかいはつ）	住宅となる土地を開発すること。
宅地造成（たくちぞうせい）	農地や山林を、住宅用に平らな土地にすること。
単純明快（たんじゅんめいかい）	わかりやすくはっきりしていること。
団体割引（だんたいわりびき）	一定の人数以上が集まれば料金を割り引くこと。
単刀直入（たんとうちょくにゅう）	前置きなく、いきなり大切な中心の話に入ること。
地域社会（ちいきしゃかい）	一定の地域に成立している人びとの集まり。
地下資源（ちかしげん）	地下にある天然資源。
地方分権（ちほうぶんけん）	政治を行うための権力を地方に分散させること。
直射日光（ちょくしゃにっこう）	じかに照らす太陽の光。
通学区域（つうがくくいき）	その学校に通う生徒の住む区域。
適者生存（てきしゃせいぞん）	環境に適した者が生き残り、適さない者はほろびること。

熟語	意味
鉄道模型（てつどうもけい）	列車や機関車などの形に似せてつくったもの。
天地創造（てんちそうぞう）	神がいかに宇宙・万物をつくったかをものがたる神話。
天然資源（てんねんしげん）	しぜんにできるもので、人間生活に役立つもの。
天変地異（てんぺんちい）	地震、つ波、洪水など、自然界の大きな異変。
展覧会場（てんらんかいじょう）	芸術品などを広く一般に見せるための会場。
同時通訳（どうじつうやく）	ある人物が話した言葉をほぼ同時に別の言語へ翻訳して伝えること。
党首討論（とうしゅとうろん）	政党の党首が互いに論じ合うこと。
独立宣言（どくりつせんげん）	他者による支配から脱したことを広く表明すること。
南極探検（なんきょくたんけん）	南極へ行っていろいろと調べること。
人気絶頂（にんきぜっちょう）	人気がもっともある状態。
人間国宝（にんげんこくほう）	重要無形文化財の保持者として認定された人。
農地改革（のうちかいかく）	田や畑の所有者やそれに関する法律が変わるなどの農地に関係する改革のこと。
発車時刻（はっしゃじこく）	電車やバスなどが出発する時間。
八方美人（はっぽうびじん）	だれからも良く思われようとして愛想よくふるまうこと。また、そのような人。
反射神経（はんしゃしんけい）	なんらかの刺激に対して瞬間的に反応する能力。
半信半疑（はんしんはんぎ）	半分は信じ、半分は疑っていること。
非常階段（ひじょうかいだん）	火事や地震などの非常時の避難に使う階段。
秘密文書（ひみつぶんしょ）	隠して人に知らせない文に書き表したもの。
百発百中（ひゃくはつひゃくちゅう）	いついかなる時でも的に必ず当たること。
複雑骨折（ふくざつこっせつ）	体外に骨が出ている骨折。

暴風警報	防災対策	貿易収支	方位磁針	平和宣言	平和共存	分別収集	文化遺産	負担軽減	腹式呼吸
激しい雨風がやってくるという知らせ。	災害を防止するための対策。	輸出量と輸入量差額のこと。	磁石の力を利用して東西南北の方角を知るための道具。	平和のちかいを外部に表明すること。	社会体制のちがう国も平和的に共存できるという考え。	ゴミの種類を分けて集めること。	昔の人が残したすぐれた文化。	責任や仕事を減らすこと。	お腹の筋肉を使った呼吸法のこと。

野外劇場	問題処理	明朗快活	無理難題	水玉模様	保存状態	補足説明	保守革新	補習授業	補欠選挙
屋根のない野外にある劇場のこと。	問題を片付けること。	明るく元気でほがらかな様子。	実現できないような無理な要求。	小さな丸い形をちらしたようなもよう。	物が保存してある状態のこと。	足りないところをつけ加えて説明すること。	政治に対する立場を二つに分けた場合の呼び方をあわせたもの。	普段の授業以外に学力を補うために行われる授業のこと。	議員に欠員が出た際に、それを補うために行われる選挙のこと。

四字熟語	意味
郵政大臣（ゆうせいだいじん）	以前存在した郵便などをつかさどる大臣のこと。
優先座席（ゆうせんざせき）	けが人や老人などが優先して座ることのできる座席のこと。
優先順位（ゆうせんじゅんい）	いくつかの事がらのうち、どれを先にすべきかの順位。
郵便切手（ゆうびんきって）	手紙などを送る際に必要な、事前に料金の支払いを済ませたことを証明する紙のこと。
郵便小包（ゆうびんこづつみ）	はがきなどの手紙以外の小さな郵便物のこと。
郵便配達（ゆうびんはいたつ）	手紙や小づつみなどを配り届けること。
郵便番号（ゆうびんばんごう）	郵便局で行われる手紙などの仕分けを効率的に行うための番号。
有名無実（ゆうめいむじつ）	評判ばかりで、中身がともなわないこと。
油断大敵（ゆだんたいてき）	気をゆるめると思いがけない失敗をするということ。
欲求不満（よっきゅうふまん）	欲求が満たされず、心が不安定な様子。
予防注射（よぼうちゅうしゃ）	伝染病にかからないように、予防液を注射すること。
利害得失（りがいとくしつ）	自分の利益になることと、そうでないこと。
臨機応変（りんきおうへん）	時と場合によって、いちばん合ったやり方をすること。
臨時休業（りんじきゅうぎょう）	定休日以外で、必要に応じて商売・仕事を休むこと。
臨時休校（りんじきゅうこう）	事前には決まっておらずその時の状況により突然学校が休みになること。
臨時国会（りんじこっかい）	必要に応じて臨時に開かれる国会。
臨時収入（りんじしゅうにゅう）	決まったときではなくお金が入ること。
臨時電車（りんじでんしゃ）	臨時に走らせる電車のこと。
臨時列車（りんじれっしゃ）	必要に応じて通常の列車に加え臨時に運行する列車。
割引料金（わりびきりょうきん）	決まった金額よりも安くした値段。

本書記載の情報は制作時点のものです。受検をお考えの方は、必ずご自身で下記の公益財団法人 日本漢字能力検定協会の発表する最新情報をご確認ください。

公益財団法人 日本漢字能力検定協会

ホームページ　https://www.kanken.or.jp/

〈本部〉　　　　京都市東山区祇園町南側551番地
　　　　　　　　TEL (075) 757-8600　FAX (075) 532-1110
〈東京事務所〉　東京都港区芝浦 3 - 17 - 11 天翔田町ビル 6 階

◆「漢検」「漢字検定」は公益財団法人 日本漢字能力検定協会の登録商標です。

本書に関する正誤等の最新情報は、下記のアドレスでご確認ください。
http://www.seibidoshuppan.co.jp/info/pocket-kanken5-2103

◎上記アドレスに掲載されていない箇所で、正誤についてお気づきの場合は、書名・質問事項・氏名・住所（またはFAX番号）を明記の上、**成美堂出版まで郵送またはFAXでお問い合わせください。お電話でのお問い合わせはお受けできません。**
◎内容によってはご質問をいただいてから回答を発送するまでお時間をいただくこともございます。
◎本書の内容を超える質問等にはお答えできませんので、あらかじめご了承ください。

―――――――――― よくあるお問い合わせ ――――――――――

Q 持っている辞書に掲載されている部首と、本書に掲載されている部首が違いますが、どちらが正解でしょうか？

A 辞書によっては、部首としているものが異なることがあります。漢検の採点基準では、「漢検要覧2〜10級対応 改訂版」（日本漢字能力検定協会発行）で示しているものを正解としていますので、本書もこの基準に従っています。そのためお持ちの辞書と部首が異なることがあります。

ポケット漢検5級問題集

編　著	成美堂出版編集部
発行者	深見公子
発行所	成美堂出版
	〒162-8445　東京都新宿区新小川町 1 - 7
	電話 (03) 5206-8151　FAX (03) 5206-8159
印　刷	大盛印刷株式会社